忖度と官僚制の政治学

野口雅弘

青土社

忖度と官僚制の政治学　目次

忖度と官僚制の政治学

序章　今日の文脈

官僚制は、近代社会に広く見られる組織形態であり、その意味で「普遍的」な現象である。しかし同時にこのような組織がどのような文脈で出現し、また語られるかによって、かなりの相違が出てくることにもなる。[1]

かつてアレクシ・ド・トクヴィル（Alexis de Tocqueville, 1805-1859）はフランスと比較しながら、「アメリカのデモクラシー」について論じた。マックス・ウェーバー（Max Weber, 1864-1920）も、「普遍

（1）官僚制の概念史については、いくぶん古い本にはなるが、まずは（Albrow 1970＝1974）が参照されるべきである。ただし、著者 Martin Albrow の読み方は、訳書では「マーティン・アルブロウ」となっているが、正しくは「マーティン・オルブロウ」である。彼はマックス・ウェーバーにも精通した社会学者であり（Albrow 1990）、いわゆる「グローバリゼーション」について、もっとも早い時期に論じ始めた一人でもある。ウェーバーの官僚制については（野口 2008: 160-170）（野口 2018a）も参照。

的」な傾向に注目しつつも、文脈の差異をつねに意識していた[2]。大学について論じるときも、政党について論じるときも、ウェーバーは文脈の比較から始めた（Weber 1992＝2018）。このことは官僚制にも、そして官僚制にこそ妥当する。ドイツで官僚制について語るのと、アメリカでそうするのとでは、同じ用語を用いていてもまるで違う。そして今の日本で官僚制について論じるにしても、その文脈を無視することはできない。

『プロテスタンティズムの倫理と資本主義の精神』の前半を雑誌に投稿したあと、マックス・ウェーバーは一九〇四年にアメリカ旅行をした。主たる目的はセントルイスで行われた万博の学術会議に参加することであったが、彼はこの機会にさまざまなところを旅している[3]。そのときのあるエピソードはよほど印象深かったのだろう。彼はその後、なんどもそれについて書いている。講演「仕事としての政治」Politik als Beruf でも次のように語っている。

「なぜみなさんは、おおっぴらに侮蔑している政治家に、自分たちを統治させておくのか」と尋ねると、一五年前〔ウェーバーがアメリカ旅行をした一九〇四年〕には、まだアメリカの労働者からは次のような答えが返ってきました。「ドイツみたいに俺たちに唾を吐きつけるような役人カーストよりも、俺たちのほうが唾を吐きつけるようなやつらを役人にしておくほうが、まだましだ」。アメリカの「デモクラシー」の立場は、かつてはこうしたものだったのです（Weber 1992: 218＝2018: 169-170）[4]。

長期にわたって学業を修め、倫理的にも「立派」な人が国家の役人になる。当時のドイツでは、

（2）ウェーバーの官僚制論は「近代化」という収斂的な傾向とセットで論じられることが多かった。近代化にともなって、どんどん「鉄の檻」が強化されていくというイメージは、その代表的なものである。しかし、ウェーバーは、そうした発展傾向と並んで、文化的差異やコンテクストについても多くを論じている（Noguchi 2005 = 2006）（野口 2011b）。関連してウェーバーは「法の合理化」について論じるが、それはけっして単線的ではない。むしろさまざまなコンテクストとの絡み合いについて考察がなされている。この点については、法社会学者のヴェルナー・ゲプハルトの一連の研究（Gephart 2006）（Gephart 2015）を参照。

（3）トクヴィルがアメリカを旅行したのは一八三一年から三二年の九ヶ月であり、ウェーバーは一九〇四年に一三週間、アメリカに滞在した。時代も期間も異なるが、この二人の旅のルートはかなりオーバーラップしている。二人の「アメリカ体験」については（Offe 2004 = 2009）を参照。「アメリカにおけるウェーバー」というテーマについては、ローレンス・スカッフの研究がある（Scaff 2011）。

（4）ウェーバーはウィーンでオーストリアの将校に対して行った講演「社会主義」（一九一八年六月）でも、この会話を引き合いに出している（Weber 1984: 604 = 1980: 31-32）。この年の夏学期、ウェーバーは一セメスターだけ、ウィーン大学で講義とゼミを担当した。法学者のケルゼンと交流し、シュンペーターとカフェ「ラントマン」でロシア革命について激論を戦わせたのも、ウィーンでのことだった。同じ年の冬、オーストリア革命が起き、第一共和制が樹立され、いわゆる「赤いウィーン」の時代（一九一八〜一九三四年）を迎える。ウェーバーは講演で、それを予見するかのように、「社会主義」、そしてそこにおける「官僚制化」の問題について論じた（Weber 1984: 599-633 = 1980）。今日、ウィーンが「住みやすい都市」ランキングで上位を占めるのは、公共交通網や公共集合住宅の充実といった「赤いウィーン」の遺産のおかげでもあるが、そうした点を評価する視点はウェーバーには乏しい。なお以下、邦訳がある文献については可能なかぎり、オリジナルと邦訳の双方を参照するが、とくに断ることなく、邦訳の一部を修正、ないし訳し直している。

これが標準となっていた。これに対して、アメリカでは優秀な人は事業を起こして民間で働き、あるいはビジネスの世界から政界に入る。このためドイツとアメリカでは「役人」の社会的評価はまるで異なる。ここからウェーバーの「比較の政治学」が展開される。

「官尊民卑」という言葉がある通り、近代日本においては間違いなく、「官」の評価はドイツの類型に近かった。彼らへの一定のリスペクトがあり、そしてそれ以上に公務員になる人たち自身の自負心が存在した。しかし、今日、とりわけこの数年で日本における公務員、とりわけキャリア官僚への評価は大きく変化してきている。

森友学園に対する国有地払下げについて、政府参考人として国会答弁に立ち、政権と組織を守る証言をし続けた財務官僚、女性記者に聞くに耐えないセクハラ発言をくりかえしていたとされる事務次官、息子の裏口入学に関与したとされる文科省の局長などがメディアで大きく取り上げられてきた。彼らに関する報道を見て、進路として公務員になることを考えている学生は困惑している。実際、二〇一八年度の国家公務員採用試験（総合職）の申込み者は、一万九六〇九人で、前年度比で四・八パーセントもの減少となった（『日本経済新聞』二〇一八年四月二一日朝刊）。

目的の正しさは手段のいかがわしさを正当化するという議論がある。もちろんこうした問題の立て方自体が論争的である。しかしそれでも、そうした議論が成り立たないわけではない。ところが近年の官をめぐる問題については、そのような「言い訳」をすることすら難しい。まったくもって志の低い案件で、膨大な時間と知力が浪費されている。「善さ」とはなにかという大問題を棚上げしても、こうした役人の振舞いによって社会が多少なりとも善くなったとは思えない。

人類学者のデヴィッド・グレーバー（David Graeber, 1961-）は、「あまりに完全に不毛、不必要、あるいは有害なので、雇われている人は、雇用の条件の一部として、そんなことはないというふりをしなければならないと感じていてさえ、その存在を正当化することができないような、有給雇用の形態」を、「うんこ仕事」bullshit job と呼んでいる（Graeber 2018: 9-10）[5]。そして彼は「政府の官僚」も、それに含めている（Graeber 2018: 17）。

ウェーバーが紹介しているアメリカの労働者の言い方を借りれば、以前の日本の役人像が、普通の人より一段上にいて、普通の人に「唾を吐く」存在だったとすれば、今日、むしろ逆に、普通の人から「唾を吐きかけられる」存在へと変わってきている、ということになるかもしれない。

昭和三〇年代の通産官僚を描いた城山三郎の『官僚たちの夏』に出てくる官僚は、地元利益や支援団体の特殊利益に縛られる国会議員を下に見ていた。彼らはいわば「国士」として国の統治を担おうとしていた[6]。こうした官僚は、国を背負うという責任感は強い。しかし選挙の結果によって昇

（5）グレーバーのネット記事（Graeber 2013）も参照。
（6）真渕勝は官僚を「国士型」「調整型」「吏員型」に分類したうえで、その歴史的な推移について考察している（真渕 2010）。「国士」は、身命をなげうって国に仕えようとする人物のことであり、安定志向の「公務員」とは正反対の類型である。

進や左遷が行われるわけではないので、彼らに対しては民主的な統制が効かない。このためもちろん、こうした「国士」型がよかったとはいえない。しかしそれでも、少なくともこの時代には、社会からのリスペクトと、彼ら自身の自負心はあった。

一九九〇年代に官をめぐる不祥事がマスコミで取り上げられたとき、問題にされたのは業界団体との不適切な関係であり、「鉄の三角形」と呼ばれる利害の絡み合い、その目に見えやすい現象としての「天下り」だった。官僚が政治的な利害調整に深く関与すれば、当然こうした問題が出てくる。薬害エイズ問題は、このような官僚批判のシンボル的な事件となった。しかし、このときですら「優秀な役人が民間に比べて安い給料で、国のために頑張っているんだから、天下りするくらい、それほど目くじらを立てなくてもいいのではないか」とするコメントが散見された。官僚に対する社会の評価は、なおも高かったということだろう。

ところが今、こうしたリスペクトはもはやほとんどない。もちろん、公務員は、学生の就職先としてまだそれなりに優良な選択肢であり続けている。民間企業に比べれば、「安定した」職場であるし、私的利益ではなく「公務」にかかわって働くということに積極的な意味を見いだす学生がいるのは不思議ではないし、それはそれで納得できる。しかし、組織の上層部で崩壊し始めた「信頼」と「自負心」は、しだいに下のほうにも降りてくるだろう。

ウェーバーがたまたま会話を交わした一人のアメリカ人がいったように、私たちに「唾を吐く」ようなエリートが役人のポストを占めていて、なぜか偉そうにしているのはあまり気持ちのよいものではない。しかし同時に、私たちが「唾を吐き」たくなるような人たちばかりが公務員になるような社会というのにも、私は疑問をもつ。

官僚、および官僚制のあり方は今、大きな岐路に立たされている。この変化をどのように理解し、この変化にどのように向き合うか。こうした考察が求められている。

過去の古典的なテクストに取り組むことを本職にしている政治思想史の分野の研究者が、官僚制を主題にしてなにかを書くことは、これまであまりなかった。[7] もちろん、具体的な制度の提言ができるわけではない。[8] それでは意味がない、といわれてしまうかもしれない。しかし、官僚、および官僚制をめぐる問題は近年になって始まったものではない。現在の問題から少し距離をとり、時間的に古い文献をも参照しながら、官僚制について考えてみることは可能であり、また必要なことである。まったく「新しい」ことのように語られている現象であっても、実はそれ以前のある時代に類似の状況があったり、また少し異なるボキャブラリーで論じられていたりすることはよくある。一見したかぎりではわかりにくい思想的な連関を見つけ、そうした連関をめぐる考察から、現代の問題に一定の見通しをつけるというのは、思想史研究が比較的得意にしているところである。こうしたアプローチによって、今日の日本における官僚制をめぐる問題についても考察することは可能

（7）こうしたアプローチによる研究として、旧著（野口 2011a）がある。関連して（野口 2012）も参照。
（8）牧原出は近年の「強力な官邸」に対して「強力な独立機関」の必要性を唱えている（牧原 2018: 88-93）。

であるし、そうすることに意味があるというのが、本書の出発点である。

過去の理論と現代の問題を往還するというと聞こえはいいが、この「試み」がどれほど成功するかはわからない。政治理論の「方法」についての意識が高くなっているなかで、本書のように、ウェーバー、シュミット、アーレント、あるいはハーバーマスなどのテクストを参照しながら、官僚制に関するいくつかのトピックについて書くことは、「ディレッタント」の印象論との謗《そし》りを免れないかもしれない。しかし、いくぶん強がりをいわせてもらえれば、標準化された「方法」に準拠しない書きものを排除する仕方はまさに「官僚」的な振舞いであり、また標準化された方法に従っているんだから、文句はないだろうという姿勢にこそ、陳腐な「悪」が宿るのではないか。アドルノは、「エッセイは対象の盲点と係わりをもつ」と述べている（Adorno 1974: 32 = 2009: (1)-30）。官僚制というテーマを扱うにもかかわらず、ではなく、むしろそうしたテーマだからこそ、体系的な記述ではなく、厳密な因果連関を追うのでもなく、諸要素の（選択的）親和性に注目し、それを読み解きながら考えていく、政治学的な「エッセイ」という体裁で考察を進めてみたい。

I　文書主義

第一章　官僚制と文書——バルザック・ウェーバー・グレーバー

官僚制には、文書の作成と文書の保管がつきものである。どこの役所にも、整理され、ファイルに収められた膨大な書類がある。市役所や大学の教務事務室など、私たちの日常空間だけのことではない。たとえば東ドイツの秘密警察 Stasi（シュタージ）には、綺麗に収納された書類のファイルが大量に並んでいた。ベルリンのシュタージ博物館に行けば、今でもその一部を垣間見ることができる。(1)

もちろん電子化が進み、ペイパーレス化が進めば、官僚制的な組織の光景もずいぶん変わるかもしれない。しかし形態は変わるとしても、官僚制と文書の密接な関係が切れることはないだろう。

（1）イギリスの歴史家ガートン・アッシュは、ベルリンの壁崩壊後、自分自身が冷戦中にシュタージの監視対象になっていたことを知り、当時の関係者に取材するなどして、「ファイル」について書いている（Ash 1997＝2002）。

この章では、バルザック、ウェーバー、グレーバーの三人を取り上げる。彼らはそれぞれ官僚制と文書について考察している。この三人の議論を比較することで、このテーマについて考えてみたい。

1　バルザックの風刺

官僚制にあたる英語 bureaucracy は二つの部分から成っている。前の部分 bureau はもともと事務机に掛けられた布を指すフランス語で、そこから転じて「執務室」を意味する。後ろの部分 cracy は「支配」ないし「権力」を意味する。要するに、「現場」ではなく、「執務室」が力をもっているというのが、この語のもともとの意味である。この語がヨーロッパで生まれたのは実はかなり遅く、一八世紀中頃のフランスで、しかも基本的に否定的な意味で用いられた（Albrow 1970: 16＝1974: 16）。官僚とは杓子定規で、融通がきかず、血の通わない嫌な奴ら、というわけである。

この時期にフランスでは、絶対王政が確立した。これにともなって王のスタッフが増大し、権力をもつようになる。『法の精神』の著者として知られるモンテスキュー（Chaeles - Louis de Montesquieu, 1689-1755）は書簡体の小説『ペルシャ人の手紙』（一七二一年）で、ペルシャからパリに来たユスベクの目を通して、ルイ一四世時代のフランスの政治体制の変容に批判的な眼差しを向けている。官僚制という言葉はまさにこの時代の役人の組織と権力を名指すために出てきた。

絶対王政は、フランス革命によって瓦解する。しかし革命後、政体が目まぐるしく変化したにもかかわらず、官僚制とそれに対する負のイメージは継続していく。一八四一年に、文豪として名高いオノレ・ド・バルザック（Honoré de Balzac, 1799-1850）が書いた『役人の生理学』は、この典型的な著作である。[2]

「生きるために俸給を必要とし、自分の職場を離れる自由を持たず、書類作り以外になんの能力もない人間」（Balzac 2018: 9 = 2013: 15-16）。彼は役人をこう定義している。あまりにひどい定義ではあるが、役人や役人の組織へのネガティヴな評価が明確に示されている。そして本章にとってより重要なことは、ここですでに官僚制の特徴として「書類」が出てくることである。

フランスはわずかこの六千万フランの費用で、過去・現在・未来を通じて、最も詮索好きで、最も小心で、最も筆耕的で、なおかつ書類作り、分類整理、監査検閲、点検確認に最も優れ、また最も注意深い、要するに最も家政婦的な官僚制度を所有している（Balzac 2018: 15 = 2013:

（2）バルザックの『ゴリオ爺さん』における格差社会の記述は、トマ・ピケティ『二一世紀の資本』で、なんども参照されている（Piketty 2013 = 2014）。バルザックの『役人の生理学』における官僚の記述についても、似た試みが可能かもしれない。このあとに論じるデヴィッド・グレーバーの「ペイパーワーク（書類作成）」についての考察を読むと、あらためてバルザックの洞察の鋭さに気づかされる。

24)。

官僚制的な組織が時代とともにいかに大きく変容しても、それぞれの具体的な現場に出て働くのではなく、事務室にいて書類を書き、書類にまみれて生きている人たちという役人のイメージは続いていくことになる。

なお、バルザックの作品『役人の生理学』のフランス語の原題は *Physiologie de l'employé* である。employé は今であれば「役人」というよりも「従業員」あるいは「サラリーマン」と訳すことになるだろう。ところが当時、この語は主として「役人」を意味していた。それがその後しだいに「ホワイトカラーのサラリーマン」を指すようになる（鹿島 2013: 229）。

一定の大規模組織で働く人たちの行動様式は、政府セクターでも、民間セクターでも、基本的には変わらない。日本で「官僚」というと、まず例外なく行政機関、とりわけ「霞が関」で働く人を指す。このため、「役人」でもあり「サラリーマン」でもあるというのには、違和感をもつ人もいるかもしれない。しかし、このあと扱うマックス・ウェーバーがまさにそう認識していたように、ビューロクラシーは組織形態であると同時に、そこでの行動様式も含意する言葉である。このため政府や公の行政機関で働く「公務員」だけを特別視する理由はない。

私たちの用語法で、公の行政を特別視するのは、一つには明治時代からの「官尊民卑」の名残があるのかもしれない。またもう一つの理由として、官僚制が冷戦構造のもとで、「活力のある民間企業」と対比され、マイナスの符号を付けて語られてきたこともある。こうした議論では、市場経済のもとで柔軟に、非官僚的に活動しなければならない企業と、画一的で、硬直的な社会主義の「官僚制」が、二項対立的に対置されてきた。前者を称揚し、後者を非難する傾向は、いわゆるネオ・リベラリズムにもつながっていく。したがって、官民の区別は決定的であるかのように受け止められている。しかし、こうした文脈が形成される以前の文脈では、官庁組織と民間企業の連続性はむしろ自明だった。いずれにおいても「文書」を重視し、その取り扱いによって仕事をする人たちで構成されている。バルザックの用語法はこのことを、私たちに思い出させてくれる。

2　ウェーバーとパーソナルな権力の排除

マックス・ウェーバー（Max Weber, 1864-1920）は、とりわけ『プロテスタンティズムの倫理と資本主義の精神』で有名な、ドイツの法学者、経済学者、社会学者である。しかし彼は同時に、今日の議論でも基礎となる官僚制の理論を展開した「行政学者」でもあった。『支配の社会学』（Weber 2005b = 1962, 1987）、『支配の諸類型』（Weber 2013 = 1970）、「新秩序ドイツの議会と政府」など『政治論集』に収録されている諸論文（Weber 1984: 432-596 = 1982: (2) 333-486）、講演「仕事としての政治」（Weber 1992 = 2018）などで、彼は官僚制について論じている。そして彼の中国論である『儒教と道教』も官僚制についての政治文化論的研究として読むことができる（Weber 1989a = 1971）。

ウェーバーがこの分野の第一人者になるのには、それなりの時代的な理由があった。二〇世紀への世紀の転換期はまさに「組織」の時代だった。宰相ビスマルクは社会主義者を鎮圧する一方で、社会保障制度を充実させていった。これにともなってたくさんの公務員によってさまざまな行政サービスが提供され、「大きな政府」が形成された。こうした組織の拡大は政府機構だけのことではなかった。自動車を大量生産して成功したフォード自動車の創業者ヘンリー・フォードは、ウェーバーの一つ年上で、まさに同時代人であった。この会社がベルトコンベアーを導入したのは一九一三年、第一次世界大戦勃発の一年前のことであった。また、似たようなことは、政党組織についても確認できる。社会主義鎮圧法が撤廃されたあと、ドイツ社会民主党SPDは躍進し、一九一二年にはドイツで第一党になった。少数の有力な政治家ではなく、集票マシーンとしての政党組織が台頭してきた。こうした組織の展開を社会民主党の内部で経験しながら、ロベルト・ミヘルスは党組織の官僚制化に注目し、「寡頭制の鉄則」というテーゼを出した(Michels 1989 = 1990)。

このような時代にあって、大規模組織の現象を観察しながら、ウェーバーは官僚制について考察した。彼によると、官僚制的な組織は、行政の量的増大・質的複雑化に対応するために形成される。規則による支配、権限の明確化、パーソナルな要素の排除(即物的非人格性)などが、こうした組織の特徴となる。

官僚制における文書についても、彼はこのような文脈で論じている。

近代的な職務遂行は、原本または草案のかたちで保管される書類Schriftstück（文書Akte）と、各種の下級官吏と書記Schreiberに依拠している。ある官庁で働く官僚の全体は、これに対応する物財装置や文章装置Aktenapparatとともに、「役所」Büro（私的経営ではしばしば「事務所」Kontorと呼ばれる）を形成する（Weber 2005b: 158＝1976: (I)-61)。

大規模で、複雑な組織において、業務内容を共有し、「言った」「言わない」という不毛な摩擦を避けるためには、「文書」の作成とその適切な管理が必要となる。たまたま上司の立場になった無能な人に、身勝手なことをさせないためにも、文書化しておくことには意味がある。

たしかに、煩雑な書類とそれを束ねている大量のフォルダは、そうしたものを見慣れない人たちに、かなりの威圧感を与える。そしてそうした文書に囲まれて、提出書類の細かな不備にもうるさいことをいう役人に対して、ほとんどの人はよい感情をもつことはない。バルザックが皮肉ったのはまさにこうした人たちだった。これに対してウェーバーは、文書の集積には一定の理由があると強調する。文書を基礎にし、文書を管理しなければ、組織は回っていかない。このような意味で、官僚制は「合理的」なのである。

そうであるからウェーバーは、他のあらゆる組織形態と比べて、官僚制的な組織が「技術的優越性」をもつと述べる。その優越性は「精確性・迅速性・文書に対する精通Aktenkundigkeit・継続性・慎重性・統一性・厳格な服従関係・摩擦の防止Ersparnisse an Reibungen・物的および人的な費用の節約」(Weber 2005b: 185 = 1962: (I)-91)による。[3]「人」による支配の「恣意性」を排して、非人格的な即物性を貫徹することに、ウェーバーは近代の官僚制の特徴と強みを見る。文書主義は、こうした近代官僚制的な組織の基礎なのである。

私たちは、官僚制というのは硬直的で、非効率的なものだ、という官僚制批判に馴染んでいる。社会学者のロバート・マートンは、官僚制の「逆機能」dysfunctions of bureaucracy という用語を作って、こうした負の側面を表現している(Merton 1951: 251-254 = 1961: 181-184)。そして冷戦の期間に、西側の資本主義体制から東側のソ連・東欧に向けて、官僚制批判がくりかえされた。「赤い貴族」とも呼ばれた旧ソ連の特権官僚層「ノーメンクラツーラ」は、社会主義諸国の内部においてさえ、しばしば批判の対象にされた。こうした図式は、市場原理を強調するネオ・リベラリズムにおける官僚制イメージに引き継がれていく。したがってここにイデオロギー的なバイアスがなかったわけではない。しかしそれでも、社会主義体制における官僚制批判はそれほど見当違いというわけではなかった。そしてすでにウェーバー自身も社会主義体制における「官僚の独裁」を予見している(Weber 1984: 621 = 1980: 64)。

しかしそれにもかかわらず、それと同時に、ウェーバーは官僚制の合理性とそれゆえの「優越性」という視点を保持し続けた。官僚制化の進展によって、新しい無駄が生み出され、自由の制約が大きくなるとしても、こうした組織原理なくしては、近代社会はどうにもならない。このことは、彼にとっては自明の前提であった。そしてこの不可欠な要素として、文書、および文書主義も当然、含まれることになる。大規模で、複雑な組織が「規律」を保つためには、文書の管理が不可欠だからである。

一つには「文書」Akte、いま一つには官僚の規律 Beamtendisziplin、つまり自分たちの習熟した活動の範囲内で厳格な服従を重視する官僚の態度が、公の経営においても私的な経営においても、ますますあらゆる秩序の基礎になっていく。しかし、行政における文書主義 Aktenmäßigkeit が実際にきわめて重要であったとしても、とりわけ重要なのは「規律」である。文書を廃棄すれば、同時に「既得権」の基礎と「支配」を破棄できる、というのが、バクーニン主義のナイーブな考えだった。この考えが忘れていているのは、習熟した規範や行政規則を遵守しようとする人間の態度は、文書とは独立に、存続するということである（Weber 2005b: 209 = 1962: (I)-116）[4]。

（3）「力の節約」については、ジンメルの社会的分化論（Simmel 1989: Kap. 6 = 2011: 6章）も参照。

（4）ウェーバーはロシア革命についても論じているが、彼の『ロシア革命論』にバクーニンは出てこない（Weber 1989b = 1997; 1998）。いずれにしてもウェーバーがバクーニンを積極的に評価することはなかった。価値多元主義という点でウェーバーと近いアイザイア・バーリンについてもこのことはいえる。彼は「ゲルツェンとバクーニン」というエッセイを書いているが、ここでは前者を高く評価する一方で、後者への評価は辛辣である（Berlin 2008: 82-113 = 1983: 203-260）。

「規律」というタームを聞くと、ミシェル・フーコーの名前を思い出す人も多いだろう。しかしこれはすでにウェーバーの「支配」をめぐる考察のキーワードだった。ウェーバーとフーコーの関係については、いくつか研究書も出ているが、ここでは詳細にたどることはしない[5]。むしろアテンションを向けたいのは、支配の基礎には「文書」が存在するとし、「文書」の破棄が必要だ、としたバクーニンの洞察である。文書は統治の過程で書き残されるものであるが、書き残され、蓄積された文書は、今度はその統治を規定していく。バクーニンはこのことを見抜いていた。

勝田吉太郎はバクーニンの「革命戦略としての文書の焼却」に言及し、そこでバクーニンの弟子であったデボゴリイ・モクリエヴィチの回想録を引用している。

《諸政庁を焼きはらわねばならなかったのだ、これこそ蜂起の第一歩でなされるべき事柄であるのに、彼らはこれを行わなかった》――こうバクーニンは激しい口調で語った。〔…〕彼の考えによると、ありとあらゆる文書や証書が保存されている諸政庁を破壊することによって、現存の社会関係に重大な無秩序と混乱とが惹起されるのである。《多数の特権や所有権は、各種の文書に依拠している。――と彼は語った――それらの文書を焼却することによって、旧秩序へ復帰することが困難になるだろう。》（勝田 1979: 28-29）。

文書を焼却すれば、支配関係は崩壊する。かつて東京大空襲で登記簿の一部が燃えてなくなったとき、その空白を埋めたのは、焼け野原に建てられたアナーキカルなバラックという「既成事実」だった。所有にしても、特権にしても、すべての権力は書類の記述を媒介にした関係にすぎない。アナーキストのバクーニンは、文書を燃やすことで、強固な支配を壊そうとする。しかし、ウェーバーはアナーキストではなかった。「文書」を破棄すれば「規律」がなくなるとも考えなかった。文書があっても、なくても、それとは独立して「規律」は存在するというのが、彼の認識だった。カルヴィニズムの宗教倫理も、プロイセンの軍隊のルールも、あるいはフォロワーの諸々の利害関係も、「規律」とその進展に作用する。しかし、規律と文書は深く、密接に相関しながら、支配を支えているという認識において、バクーニンとウェーバーに違いはない。

ウェーバーのこうした洞察は、政府組織だけにかぎられるものではなかった。(6) イタリアの中世都市についての記述で、ウェーバーは「都市君侯の行政が技術的な理由で合理的」であるとし、その

(5) フーコーはコレージュ・ド・フランス講義『生政治の誕生』(一九七八―七九年)において、ドイツの新自由主義を分析するなかで、フライブルク学派(オルド自由主義)とフランクフルト学派(批判理論)の「興味深い隣接関係、並行関係」を指摘したうえで、「両者はともにマックス・ウェーバーを出発点にしている」と述べている(Foucault 2004: 109 = 2008: 130)。

(6) 政党組織について、政党官僚が台頭する理由を、ウェーバーは次のように分析している。「政党経営がその専門家の手に握られてゆくのは、腹心・アジテーター・統制者、その他不可欠の要員に対するシステマティックに張りめぐらされた人間関係や、名簿・文書 Liste und Akte、その他、その知識があるからはじめて政党マシーンの操縦が可能になる資料が、彼らの手に握られているからである」(Weber 2005b: 510 = 1962: (II)-453-454)。

一つの背景として「都市の銀行家が簿記や文書の作成の方法を技術的にすでに発展させていたこと」を挙げている（Weber 1999: 232 = 1965: 252）。文書作成のスキルは権力資源であり、権力の基礎を構成する。これは銀行でも政府でも変わることはなく、しかも領域の異なる経済と政治は相互に影響を及ぼし、相互に規定し合いながら、この方向での「合理化」を進めていくという。

同じ見方が、ウェーバーの「宗教社会学」にも貫かれている。あるいはむしろ、宗教社会学的な共同体形成をもとにしながら、彼は「支配の社会学」と取り組んでいるといえるかもしれない。ウェーバーの図式では、宗教の創始者たちが教団を形成するのは、その「カリスマ」（非日常的な天与の資質）によってである。[7] ところが、宗教がカリスマ的な段階から読み書きによる教化に発展すると、「祭司階級 Priesterschaft が台頭するという（Weber 2001: 207 = 1976: 96）。当初のカリスマではなく、経典ないし教義を記述し、整合的に読み解き、解釈する「祭司」が、そうした読み書き能力の卓越性によって、教団を支配する。

山之内靖は、ウェーバーにおける「ニーチェ的契機」に注目した一連の研究のなかで、「祭司」に対する戦いというモチーフを取り上げ、その重要性を指摘した（山之内 1993）（山之内 1997）[8]。ニーチェという多面的な哲学者については多様な解釈が成り立つ（三島 2016）。このため、山之内の解釈の妥当性をめぐっては否定的な議論もあるかもしれない。しかしここで確認したいのは、ウェーバーの宗教社会学における「祭司」の支配というのは、まさに文書を書き、文書を管理し、文書を読み解く能力に基づいているということである。宗教社会学と支配の社会学の両方を貫いて、ウェーバーにとって「官僚制」は、文書に精通し、それを自由に操れる者による支配である。文書に精通した人は、そうでない「素人」（ディレッタント）に対して、文書知識の見せ方を有効に使って自らの地位を確実にし、また高めようとする。宗教的な教養にさして詳しくない平信徒も、政治についてそれほど関心をもたない有権者も、どちらも文書に精通した知識をもつ層の前では、ほとんど無力である。彼らは「無益」な論争を生みそうな、「余計」な情報は出そうとしない。「機密」こそ、権力資源なのである。

いかなる官僚制も、その知識や意図の秘密保持 Geheimhaltung という手段によって、職業的な知識をもつ者の優位性をさらに高めようとする。官僚制的行政は、その傾向からしてつねに、公開性 Öffentlichkeit を排除する行政である。〔…〕「役職上の秘密」という概念は官僚制独自の発明であり、〔…〕官僚制が熱狂的に擁護するものはほかにはない（Weber 2005b: 215-217 = 1987: 61）。

公文書を書くのも、公開するのも、隠すのも、（場合によったら）改ざんしたり、廃棄したりする

（7）「カリスマ」について、詳しくは本書第II部を参照。
（8）「ニーチェ的契機」に対する山之内靖の関心は、「総力戦体制」への彼の関心とも結びついていた（山之内 2015）。

のも、役人の領分である。それを出したり、出さなかったり、部分を強調したり、読みきれないほど大量の書類を積み上げて、素人を煙に巻くのも、彼らの統治技術に含まれる(9)。

3　グレーバーとペイパーワークの権力

官僚制の支配が「文書」による支配であることに、あらためて注目したのが、文化人類学者のデヴィッド・グレーバー(David Graeber, 1961-)の著作『官僚制のユートピア』である(Graeber 2015＝2017)(10)。グレーバーがこうした問題関心をもったのは、彼が自他共に認める「アナーキスト」であることと無関係ではないだろう。すでに述べたように、官僚制の支配を「文書」に見いだし、これを燃やすことを唱えたのは、アナーキストのバクーニンだった。

「官僚制と文書」の政治思想史におけるグレーバーの功績の一つは、近年の新自由主義的な改革がこの「文書」による支配と絡み合っていることを、あらためて指摘した点にある。サッチャー以来の新自由主義者は、肥大化し、非効率になった公行政の官僚組織を標的にして、自由競争の原理に基づいて、民営化と規制緩和を進めようとしてきた。政府の財政赤字の拡大や、公務員の利権をめぐる不祥事は、こうした改革を後押しした。新自由主義的な図式によれば、自由競争の原理を導入すればするほど、官僚制、あるいは公務員組織は弱体化することになる。

しかしグレーバーが『官僚制のユートピア』で注目するのは、まさにこれとは真逆の連関だった。

競争を導入し、民営化を進めれば、いわゆる官僚制は弱体化するかと思いきや、むしろ違ったかたちで官僚制の支配は強化されていく。彼はこれを「リベラリズムの鉄則」と呼ぶ（Graeber 2015: 9 = 2017: 13）。

たとえば、大学の研究者の研究資金なども含めて、市場とは無縁であった領域にも市場競争の原理が入ってきている。競争的資金獲得のための申請、研究計画書の作成、審査（レフリー）、自己点検・自己評価、成果報告書の作成、そしてさらにその成果の審査とさらにその審査の報告書というかたちで、研究者も書類書き（ペイパーワーク）に忙殺されている。[11] これによって、従来とは異なるかたちではあるかもしれないが、「規律化」が強化されているのではないか、というのがグレーバーの問題提起である。

もちろん研究費を受けるのに、ある特定の個人（学部長、理事長、文科省の科学技術・学術政策局

（9）機密は、民間企業でも、あるいはむしろそこにおいてこそ、経営の存続に直結するため、いっそう重要である。ウェーバーも次のように述べている。「権力手段としての「機密」も、なんといっても企業家の原簿 Hauptbuch におけるほうが、官庁の文書におけるよりも、より確実に守られている」（Weber 2005b: 220-221 = 1962: (I)-126）。なお、統治における「機密」をめぐる思想史的な研究として（大竹 2018）がある。

（10）日本語版のタイトルは『官僚制のユートピア』となっているが、英語のオリジナル・タイトルは『規則（ルール）のユートピア』*The Utopia of Rules: On Technology, Stupidity, and the Secret Joys of Bureaucracy* である。ちなみに、ドイツ語のタイトルは『官僚制――規則のユートピア』*Bürokratie: Die Utopie der Regeln* となっている。

長など）の恣意的な「施し」というかたちになることはできるだけ避けてほしいと思う。こうなると研究内容よりも「コネ」が優先されやすくなるし、そのための媚びや忖度がアカデミズムに蔓延《はびこ》ってしまう。ウェーバーが官僚制を「即物的な非人格性」sachliche Unpersönlichkeit というタームで特徴づけるとき（Weber 2005b: 234＝1962: (I)-140）、これによって彼が意味したことは、まさに特定の個人の好みの排除ということだった。行政の「私物化」が問題になる状況では、この重要性はなんどでも強調されるべきだろう。公正な手続き、透明性のあるプロセス、説明責任（アカウンタビリティ）などが、求められる。

しかし、ウェーバーであればおそらく肯定的に見るであろうこうした方向性に、グレーバーは疑問を呈する。

> そうした改革の目標は、恣意的な人格的権威 arbitrary personal authority を排除することにあったのかもしれない。だが、いうまでもなく、改革がそれを達成することはない。人格的権威は一段階レベルアップして、特定の事例においては規則（ルール）を無視する力能と化したのである［…］。設定された目標を改革がいっさい達成しなかったとしても、その正当性 legitimacy が危うくなるということはない。それどころか正反対である。というのも、そうした人格化された権力に反対する者のできることは、ただ、さらなる規則（ルール）とさらなる「透明性」の要求のみだからである（Graeber 2015: 197＝2017: 281-282）。

特定の個人のパーソナルな権力を避けて、透明な競争を求める改革は、別の次元でさらなる「人による支配」を強化する。〈新自由主義 vs. 官僚制〉というわかりやすい図式において行われてきた改革は、福祉・行政サービスの削減につながった。しかし、それによって「官僚制」の支配が削減されたわけではない。アクターに透明な競争をさせる、というかたちで、その実、「官僚制」の支配は温存され、そればかりか深く浸透した。あるいは「競争」というキーワードを錦の御旗として用いることで、むしろ行政はその管轄下の人びとに対する「統治しやすさ」を手に入れたともいえる。

こうした方向を拒否して、グレーバーが志向するのは「直接デモクラシー」である。デモクラシーは「多数決」と同じではない、と彼は強調する。グレーバーによれば、デモクラシーは「多数決」ではなく、「それはむしろ、全員が平等に参加するという原則のうえに成り立つ集団的熟議の過程にほかならない」。そして「異なった伝統を背景にした多様な集団が当事者となり、支配的な権力が存在しないような状況において、共通の問題を処理する方策を即興的に作り上げる差し迫った必

(11) 独立行政法人を含む国立研究機関の職員へのアンケート結果について報じた新聞記事には、次のように書かれている。「組織上の問題として「事務手続きが煩雑すぎる」と感じている人が約七割に上ることがわかった。アンケートを実施した担当者は「研究者が書類作りに追われ、国際的な科学競争力低下の一因になっている」としている」。ここには書類作りに丸二日かかったとの発言も紹介されているが、これは今の日本の研究者にとって、あまりによく見慣れた光景になっている(『読売新聞』二〇一八年七月二八日)。

要性」が、民主的な創造性を生み出すと述べる（Graeber 2014: 186＝2015: 221）。

グレーバーは『官僚制のユートピア』でなんどもマックス・ウェーバーに言及している。しかし、直接デモクラシーへの評価において、この二人は決定的に対立する。ウェーバーは「支配の極小化」という意味でのデモクラシーには懐疑的だった。第一世界大戦の敗北とレジームの崩壊という状況で出てきた「レーテ」（評議会）運動を、彼はミュンヘンで冷ややかに眺めていた。[12]

ウェーバーは「レジティマシーを有する物理的な暴力行使の独占」を国家のメルクマールとした（Weber 1992: 158＝2018: 93）。これに対してアナーキストのグレーバーは「いかなる場合でも武装した男を頼みにして「お前の話などどうでもいい、黙って言われた通りにしろ」と言う権限をもつ人間を必要とせずに成立しうる組織」を求める（Graeber 2014: 188＝2015: 222）。加藤周一は一九六八年のプラハについてのレポートで、「圧倒的で無力な戦車と、無力で圧倒的な言葉」と書いた（加藤 2009: 233）。ウェーバーは「言葉」を黙らせる「戦車」の実在性を否定することはできないという前提で政治を論じる。これに対してグレーバーは、まさにこれを拒否しようとする。この点において、両者の議論は交わるところがなさそうである。

4　文書主義のアポリア

三人の議論をもう一度、まとめておきたい。

バルザックは当時のしがない「役人」を描き、彼らがいそしむ「書類作り」に注目した。「フランスの官僚機構」は「地球上のいたる所で書類作りにいそしむあらゆる官僚機構のうちで最も純粋なもの」である、と彼は書いている。こうした意味での「理念型」的な官僚制を、彼は当時のフランスに発見した（Balzac 2018: 16＝2013: 25）。

ウェーバーは、役人への批判的な視線を、バルザックから引き継いでいる。しかし同時に、文書主義も含めて、官僚制における役人の行為が「合理的」であることを強調する。文書に精通し、それを権力資源とする官僚に対しては、彼も必ずしもよい印象をもっていたわけではないだろう。しかし、それがある意味で「必要悪」であり、そうした文書による支配が行われることのメリットなくしては、近代国家の行政は立ち行かないというのが、ウェーバーの基本的な洞察だった。「文書」をきちんと書き、管理し、残すことによって、権力者の恣意的な介入を制限することができる。パーソナルな要因を排除して、「客観性」を確保するという点に、ウェーバーは近代官僚制の意味を見た。「文書主義」はその本質的な部分なのである。[13]

（12）これに対して、「評議会」にコミットしたのが、ハンナ・アーレントだった（森川 2017）。ウェーバーとアーレントについては、本書、第五章も参照。
（13）バルザックは基本的には役人を風刺の対象にしているが、それでも世界一の「書類作り」大国フランスでは「盗み」や「汚職」、あるいは納税ミスは起こりえないとも書いている（Balzac 2018: 16＝2013: 25-26）。

グレーバーは、文書が支配に結びつくという視点をウェーバーから引き継いでいる。しかし、ウェーバーに学んだ二〇世紀の多くの社会科学者がそうするように、行政機関の量的拡大に警鐘を鳴らすということでは満足しなかった。彼はむしろ、市場原理と「小さな政府」を唱える新自由主義的な改革が、「ペイパーワーク」の増大をもたらし、それを通じて官僚制の支配を強化するという連関を鮮やかに言い当てた。彼の議論は、私たちが日常の生活のなかで感じていることに合致している。

こうした「流れ」に対抗して、グレーバーが直接デモクラシー、さらには直接行動を志向するのは、ある意味では当然である。ウェーバーが指摘していることであるが、直接デモクラシーは「文書」ではなく、基本的に「口頭」で行われる。「文書による記録が作成されるのは、権利を文章によって保全する必要がある場合だけにかぎられる。〔直接デモクラシーでは〕重要な指令はすべて仲間集会に提出される」というのである（Weber 2013: 574 = 1970: 187）。「文書」による支配をミニマムにするために、こうした直接デモクラシーを志向することは理に適っている。

しかしそれでは、「文書」によって確保される、非人格的な、つまりパーソナルな要因を排した「客観性」はどうなるのか。ウェーバーであればこう反論するであろう。ただ、こうした「非人格性」が大事であることはわからなくはないが、しかしどこか気持ちの悪いところがないわけではない。特定の「人」の支配を脱することについて、バルザックは次のように書いている。

今日、国家とは「すべての人びと」のことである。ところで、「すべての人びと」というのは、「だれのことも」気にかけたりしない。「すべての人びと」に仕えるということは「だれにも」仕えないというに等しい（Balzac 2018: 25-26 = 2013: 39）[14]。

今日、官僚制における「書類」をめぐる政治は、アポリアに直面している。「人」の支配の恣意性を抑制しようとすれば、「書類」の作成・管理が不可欠であるが、こうした方向で「書類作り」を進めていけば、実はますます官僚制の支配を、見えにくいかたちではあるが、強化することになる。

このアポリアにわかりやすい答えを出すことはできない。しかしそれでも、いえることはある。官僚制の文書主義を善悪二元論的に論じることは不適切であるということが、それである。文書を軽視すれば、権力者の恣意を許容することになり、文書を礼賛しすぎれば、その分だけ官僚制の支配に気づかないうちに屈することになる。そして、こうしたアポリアがないかのように振舞い、官庁組織に対して「戦う自分」をショー・アップする政治家は、最悪な結果を招きかねない。最後の論点については、本書の第II部でより詳しく論じる。

（14）アーレントは官僚制のこうした性格を「無人の支配」と呼び、全体主義に結びつけた（Arendt 1972: 137-138 = 2000: 127-128）。

II 「決められない政治」とカリスマ

第二章　「脱官僚」と決定の負荷——政治的ロマン主義をめぐる考察

1　民主党政権

官僚制批判とその行方について考えるためには、まずは民主党政権の成立の力学とそれが孕んでいた脆弱性を確認しておかなければならない。今日に至る「官僚制（批判）をめぐる政治」のほとんどすべての萌芽は、民主党政権の発足の時点に見て取ることができる。

二〇〇九年の政権交代によって誕生した鳩山民主党政権が、さまざまな点で、従来の「自民党政治」との断絶を強調したのは至極当然のことである。[1]そして実際、行政刷新会議の事業仕分けや、

（1）本章はもともと、民主党政権の成立を受けて、この新政権を検討するために組まれた特集「新政権の総点検」（『現代思想』二〇一〇年二月号）に寄稿したものである。

事務次官会議の廃止、あるいは限定的ながらも子ども手当や高校の授業料無償化が実現した。こうした点で、この政権交代による「変化」の意義は、やはりけっして小さなことではなかった。

しかし、この政権交代による「変化」をまたいで、継続しているものもある。官僚や官僚制に対する否定的な評価が、その一つである。

鳩山首相は所信表明演説（二〇〇九年一〇月二六日）で、次のように宣言した。

日本は、一四〇年前、明治維新という一大変革を成し遂げた国であります。現在、鳩山内閣が取り組んでいることは、言わば、「無血の平成維新」です。今日の維新は、官僚依存から、国民への大政奉還であり、中央集権から地域・現場主権へ、島国から開かれた海洋国家への、国のかたちの変革の試みです。

「平成維新」という断絶を強調する、いくぶん気負った表現を度外視すれば、官僚主導政治の転換や地方分権などの内容は、少なくともその字面のレベルでは、前の自公政権と連続している。たしかに、新自由主義的な「構造改革」を推し進めた小泉政権と、そうした路線が引き起こした格差と貧困、そして社会の分断を批判するかたちで「友愛」を唱えた鳩山政権は、見方によれば、対極的な位置にある。しかしそれにもかかわらず、この二つの政権はともに、官僚制に対する激しい批判的な態度を共有している。

一九九〇年代以降、「官」をめぐる不祥事が頻発してきた。薬害エイズ事件を一つのシンボリックな出発点として、「無駄」な大規模公共事業、天下り、あるいは社会保険庁の杜撰《ずさん》な年金の管理などが、くりかえし問題化された。こうしたなかで、かつて高度経済成長の「奇跡」の立役者とされ、プラスの符号で語られてきた日本の官僚組織は（Johnson 1982＝1982）、時代遅れの「一九四〇年体制」の担い手としてマイナスの符号とともに語られるようになる（野口 2002）。バブル崩壊後の経済の低成長と少子高齢化にともなう社会保障費の増大は、財政危機を顕在化させた。こうした背景のもと、従来「官民協調」といわれてきたものが、「癒着」と「既得権益」の構造と読み替えられた。そして立場の異なるさまざまな党派が、人びとの反官僚の情念を自らの陣営に引き入れるべく競合するという構図が形成されてきた。「官から民へ」を旗印にした小泉政権と「脱官僚」の鳩山政権は、そうした流れのなかで出てきた二類型と見ることができる。

以上の認識のもと、本章では「脱官僚」に着目し、小泉政権と比較することで、鳩山政権の特徴と問題点を明らかにしたい。

2　官僚制批判のロマン主義的ルーツとその問題

官僚制に対する反感や非難は、もちろん今に始まったことではない。小泉、鳩山両政権における官僚制へのスタンスを考察する前に、その基礎作業として、官僚制批判に関する一般的な確認をしておきたい。

政治学の基礎概念の多くは、古代ギリシアのポリスに起源をもつ。しかしながら官僚制は、こうした一連の系列の概念には属していない。そしてその成立は、かなり遅い。マーティン・オルブロウはその起源をたどるなかで、一七六四年七月一日付けの、フランスのド・グリム男爵の手紙に注目している。その手紙には、グルネーがフランスの疾患として官僚病 bureaumanie に言及していることが記されている。オルブロウは、これが官僚制という語のもっとも早い用例だとしている（Albrow 1970: 16＝1974: 16）(2)。

これをもって官僚制の「言葉の起源」と断言できるかどうかについては、もう少し調べてみる余地があるかもしれない。しかしここで重要なことは、より早い記録を見つけることではない。官僚制という語が一八世紀後半から一九世紀前半にかけて使われるようになったということ、そしてこの語が中立的な記述のためのタームではなく、むしろ新たに生成しつつある現象を非難するために作られた造語であったということに目を向けるべきである。

本章がとくに注目したいのは、こうした官僚制へのネガティヴな言説がいわゆるロマン主義の潮流のなかで生まれ、普及したということである（Schenk 1966＝1975）（野口 2011a: I章）。画一件を問題にするにせよ、権力の集中に注目するにせよ、あるいは非人間的な規律化を嘆くにせよ、官僚制という語は官僚制に対する批判的な流れのなかで成立した。そして、画一性、硬直化、理性の専制的な性格など、官僚制批判のなかで持ち出される論点はいずれも、典型的なまでにロマン主義的である。このことは、マックス・ウェーバーの官僚制に関する研究にも妥当する。彼がいかに官僚制の「合理性」を強調しようとも、「鉄の檻」というメタファーや、「精神のない専門人、心情のない享楽人」といった言い回しなどに、そうしたロマン主義的な響きを聞き取ることは難しくない(3)。

もちろん今日の日本で官僚制が問い直されているのは、直接的にはロマン主義的なモチーフからではない。しかし「反官僚」の情念がしばしば爆発的な政治的バネとなる理由は、合理的に割り切れるものでもない。「事業仕分け」をすることで、数千億円の「無駄使い」が明らかになった。しかしこうした「無駄」への合理的な憤りだけが、バッシングの理由ではないだろう。官僚や官僚制

(2) オルブロウは後年、この著作に言及して次のように述べている。「私が官僚制の概念について書いたとき(Albrow 1970)、それはすべての合理的な組織の不可欠な形であるというのが、まだ一般的な見方であった。私自身の「時間のテスト」は、そのルーツを一八、一九世紀の言説のなかで示すことであった。そうすることで、私は今日、共通の認識になったこと、つまりそれはモダニティの他の多くのものと一緒に、過ぎ去りゆく現象であるという認識を事実上支持した」(Albrow 1996: 117 = 2000: 188)。

(3) ウェーバーと「ロマン主義」に関しては、(Ringer 1990: 162 = 1991: 109)(Mitzman 1970 = 1975)(Mitzman 1973)(Scaff 1989)(野口 1997)(野口 1998)(高山 2012) などの文献を参照。なお、「鉄の檻」というメタファーは、社会科学の関連分野においてあまりにも有名ではあるが、ウェーバーが用いているドイツ語の "stahlhartes Gehäuse" (鋼鉄のように固い殻) の訳語としては必ずしも適切とはいえない。しかしそれでも、タルコット・パーソンズによる Iron Cage という訳語は、官僚制化、管理社会、テクノクラシー支配といった時代の雰囲気にとてもよく適合し、そのため広範に普及することになった。訳語としての「鉄の檻」については、(Baehr 2001)(荒川 2007) を参照。

への批判が政治的な起爆力になりえたのは、官僚制に対する、ある意味でロマン主義的な、潜在的な否定の情念が複合的に絡まってきたからなのではないか[4]。

官僚制に対するネガティヴな評価が、ロマン主義的なルーツとつながっているとすれば、反官僚という「民意」にもロマン主義の問題性がつきまとうことになる。これについては、ゲオルク・ジンメルが、二〇世紀初頭の時代診断というかたちで論じている。彼は、「生 Leben は、生から自立した独自の存在であり、かつそのような存在を意味する形式 Form のなかでしか、自己を表現することができない」という「矛盾」を指摘したうえで、次のように述べている。

ほとんどの場合には、この矛盾は不可避的である。そして生の発現がこの矛盾を避けるためにいわば形式を脱ぎ捨てたあらわな姿で躍り出ようとするとき、そこに現れるのはおよそ理解を絶したもの、わけのわからない叫喚であって、明確な発言ではない。そこには統一的な形式が当然もっている矛盾やよそよそしい硬化がないかわりに、結局はただ、アトム化された形式の破片のカオスがあるばかりなのである（Simmel 2000: 218 = 1994: 111）。

既成の、硬直化した形式への批判と問い直しは必要である。そしてその契機としてロマン主義の意義はけっして過小評価されるべきではない。しかし批判が噴出しただけで新たな形式をつくることができないと、混乱だけが大きくなる。新たな創造のためには破壊が必要である。しかし破壊し

たからといって、それと同時になにかが創造されるわけではない。ロマン主義的な政治の一つの問題は、ここにある。(5)

マックス・ウェーバーは、「パーソナルではない」unpersönlich「事柄に即した」sachlich 事務処理を官僚制的な組織の特徴とした（Weber 2005b: 553 = 1962: (I)-64）。これは、「人のいかんによって」業務の処理の仕方に偏差がでないように、規則によって規定されている、ということである。同じことを逆からいえば、「脱官僚」とは「パーソナル」persönlich なものを呼び戻すことであり、したがって「人」の決断やその決断をもたらした根拠をめぐる党派的な争いが顕在化することを意味する。ロマン主義的な官僚制批判は、官僚制化にともなう「非人格的」unpersönlich、あるいは「非人間的」unmenschlich な傾向に異議を申し立てる。しかし、異議申し立てが通ったあとにどうするのかということについては、多くの場合、それほど考えていない。

民主党政権前後の官僚制に関する状況についても、似たことがいえる。「官僚制化」は政治的な決定の領域を「縮減」する機能をもつ。別の言い方をすれば、「脱官僚」は、政治的な決定の幅を押し広げ、それだけなんらかの仕方で決断し、しかもそれについてアカウント（説明）する必要の

（4）「情念と政治」に関しては（齋藤 2009）を参照。

（5）こうしたロマン主義的な政治の問題を、ワイマール憲法体制の脆弱化と結びつけて論じたのが、カール・シュミットの『政治的ロマン主義』（一九一九年）だった。この作品については、本書、第三章で詳しく論じる。

増大を意味する。(6) しかし「脱官僚」のスローガンには、これらの決断とそれに対する説明の準備（アカウンタビリティ）が十分には備わっていない。今、このタイミングで官僚制を批判することの意味を認めたとしても、大きく口を開けた恣意性を縮減する必要と負荷が高まるということ、そして同時にその恣意性の空間を埋めるためになされるなんらかの決定とその決定について説明する負担が高まるということは忘れられるべきではない。

問い直しをしたあとに、新たに決定する負荷を担う準備がないと、事態は混乱する。これまで行政組織のなかで慣行となってきたものの問題性を告発し、議論の提起はするものの、それを収束することができなくなる。「官僚依存」を断ち切ると、そこには政治家によって決定されるべき空間が開けてくるが、「脱官僚」というスローガンだけではそれを処理できない。

鳩山政権が抱え込んだのは、以上のような危険性だった。ただ、この政権についての考察に移る前に、こうした危険性に対する小泉政権の応答の仕方を再確認しておきたい。

3　官僚制批判と信条倫理の親和性

小泉純一郎は「自民党をぶっ壊す」と唱えて、政局の主導権を握った。ぶっ壊されるべき「自民党」とは、田中角栄から橋本派へと引き継がれてきた族議員・官僚・業界からなる利権の構造であった。もちろん、ここには自民党内の勢力争いの論理が絡んでいる。しかしそれ以上に重要なのは、政官財のトライアングルに巣食う既得権益や癒着などへの人びとの否定的な情念が、小泉の躍進を後押ししたということである。このトライアングルを攻撃することで、さまざまな利害や意見をもつ「国民」の動員が可能となった。
これに関連して、松下圭一は、次のように述べている。

ここで、最近の二〇〇三年総選挙においてはじめて、民主党は私のいう〈官僚内閣制〉からの脱却をめざした「脱官僚宣言」を主要マニフェストにかかげ、自民党の小泉内閣も実態は〈官僚内閣制〉への依存にもかかわらず、言葉としては「官から民へ」とともに「国から地方へ」を提示しはじめたことを想起しよう。三〇年かかって、ようやく〈保守 対 革新〉から〈官治

(6)アーレントは官僚制を「無人の支配」、すなわちパーソナルな決断とそれに対する説明がなされない支配として理解し、次のように述べている。「官僚制とはすなわち、一者でもなければ最優秀者でもなく、また少数者でもなければ多数者でもなく、だれもがそこでは責任を負うことのできない官庁の匿名のシステムであり、無人による支配とでも呼ぶのが適切であるようなものである。(もし、伝統的な政治思想に従って、暴政 tyranny をみずからについての説明 account をまったく要求されない統治とするならば、無人による支配 rule by Nobody は明らかにあらゆる統治のなかでも最も暴政的なものである。なぜなら、現在行われていることについて釈明するように求められる人さえ残っていないからである。責任の所在を明らかにし、だれが敵であるかを識別することを不可能にしてしまうこの状態こそ、昨今の世界的な反乱による動揺、その混乱した性格、統制がとれなくなり暴徒と化す危険な傾向が生ずる最も有力な原因の一つである)」(Arendt 1972: 137-138 = 1975: 39-40 = 2000: 127-128)。

対自治〉に時代の発想と文脈が変わりはじめたのである（松下 2004: 34）[7]。

松下は、自民党一党優位体制の時代にあって、日本の市民自治をリードしてきた政治学者である。二〇〇三年の総選挙は、彼にとっても画期的だった。長年にわたって論じてきたことが、ようやく自民党にさえ重く受け止められた、と彼は認識している。そして、自民党も民主党も「官」に凝集される悪を「政治主導」によって克服しようとする駆け比べをしているとの見方を示した。

しかし、官僚に対する批判というフォーカスでは一致しても、それが放たれる光源はやはりかなり異なっている。一つは、「規制緩和」と「民営化」によって「小さな政府」を志向する新自由主義であり、いま一つは、一部の政治エリートが「密室」で大事なことを決定することに反対して「より多くのデモクラシー」を求め、行政の民主的統制を志向する方向性である[8]。共通の敵を前にして、これら二つの方向性が重なることはありうる。しかし、事情の変化のなかで、それら二つの方向性はクラッシュを起こさないではいられない。

小さくて、スリムな政府というスローガンのもとで、これまで行政が担ってきた業務が縮小されたり、民営化されたりすれば、人びとが選挙によって選んだ政治家を通じて関与できる決定領域や予算は、その分だけ少なくなる。また、「小さな政府」は、しばしば「地方分権」とセットで論じられるが、中央権力が地方自治体への介入から撤退するということは、それぞれの地方政府の「自治」の名のもとで、ナショナル・ミニマムが放棄されることにもつながりかねない。財政基盤の弱い地方自治体にとってのデモクラシーは、困窮した個人の自己決定と同じく、選択の幅がかぎりなく制限されたものになる。

「脱官僚」とは、それまで行政のもとでルーティン化されてきた業務を政治的な検討の対象とし、政治指導のもとに置くことである。これによって諸々の事業は「民意」に沿うかたちで統廃合され、あるいはまた新たな施策が行われることになる。しかしこのことは同時に、政治的な決定の可能性、あるいは恣意性の空間が大きく口を開けることでもある。したがってなんのための「脱官僚」なのかをめぐって、路線対立や優先順位の争いが顕在化してくる。これは当然のことである。これに対して小泉政権は、矛盾が顕在化する危険を抱え込みながら、それでもそれなりの安定性と高い支持率を維持し続けた。その理由の一つは、彼の「信条倫理」的な政治姿勢にある。(9)

郵政民営化にしても、靖国参拝にしても、イラク戦争でのアメリカ支持にしても、小泉の政治姿勢は「ブレる」ことが少なかった。もちろんその是非については、いろいろな議論がありうる。信条倫理は、ある信条を貫き通すことを要求するが、これは別の言い方をすれば、「人の話を聞かない」、

(7)松下圭一から大きな影響を受けた政治家の一人が、鳩山の次に首相になった菅直人だった(菅 2009)。

(8)「より多くのデモクラシーを」は、ドイツ社会民主党SPDのヴィリー・ブラントの演説に由来する。首相としての最初の連邦議会での演説(一九六九年一〇月二九日)で、彼は「より多くのデモクラシーをやってみる」Mehr Demokratie wagen; dare more democracy と述べた。

つまり他者との相互交渉のなかで相互に「選好」を変容させる可能性に乏しいということでもある。またマックス・ウェーバーが問題にしたように、こうした「信条」の政治は、それにこだわることでプラグマティックな判断ができないために、「結果」を損ない、「結果」に対する責任を果たせなくなるということにもなる（野口 2007 = 2011b: 1章）。

しかしここで注目したいのは、そうした姿勢の是非ではなく、不確実性の空間を生み出す官僚制批判は、原理主義的な新自由主義路線に行き着く必然性はないが、しかしそれと結びつきやすい、あるいはそれとの親和性が高いという点である。

スタート時の高揚が一段落すれば、新自由主義的な方向性と「より多くのデモクラシー」という方向性の対立がなんらかのかたちで噴出するはずであった。しかし、格差や貧困の問題がかなりのレベルに進むまで、あるいはその後も、小泉政権は比較的安定した支持を調達し続けた。これが可能になった理由としては、小泉が「ブレる」ことなく前者の立場を発信し続けたことと、後者に比べて前者のほうが、政治的決定の原則として不確実性を縮減する能力に長けていたことがある。「脱官僚」によって広がった不確実性の空間は、そのままでは不安定化する。この局面で「より多くのデモクラシー」を押し出すことは、不安定化のリスクを高める。したがって不確実性の空間を、原理主義的なシンプルな方針と強い姿勢で埋めるという路線が選択されやすくなる。小泉が採用したのは、まさにこの路線だった。[10]

山口二郎は自民党政治を批判するにあたって「市民化と市場化の相乗り」が成り立ったとの指摘

をしたうえで、その後の「市場派の隆盛」の理由として、橋本政権の行政改革会議における「行政改革から構造改革への転轍」、「メディアの均質化」、そして「審議会の重要性の高まりと、知識人の政治参加という新しい現象」という三点を挙げている（山口 2007: VI章）。いずれも重要な論点である。ただ、新自由主義的な方向性と「より多くのデモクラシー」という方向性の共闘関係が崩れるなかで、前者が優勢になったのには、官僚主導体制を断ち切ろうとすることで生じた不確実性をめぐる力学がポイントになっている。本章ではこの点をとくに強調しておきたい。

4　友愛と「決断の留保」

鳩山由紀夫の祖父、鳩山一郎は、今日のＥＵにつながる欧州統合の提唱者リヒャルト・クーデンホフ＝カレルギー（Coudenhove-Kalergi, Richard Nicolaus, Graf von, 1894-1972）のドイツ語の著作『全体国家、全体人間』*Totaler Staat, totaler Mensch*（一九三七年）を、その英語版『人間に対する全体国家』

（9）マックス・ウェーバーの Gesinnungsethik に対しては、「心情倫理」という訳語が充てられることが多かったが、本書では一貫して「信条倫理」とする。これは新訳『仕事としての学問 仕事としての政治』の方針でもある（Weber 1992 = 2018: 196 註）。

（10）論理的な必然性はないが、選択的親和性がある二つの論理というものがある。「自由経済」と「強い国家」の親和性については、サッチャー政権に関するギャンブルの古典的な研究（Gamble 1988 = 1990）を参照。

The Totalitarian State Against Man（一九三八年）から翻訳して、『自由と人生』のタイトルで出版した（クーデンホフ＝カレルギー 1953）。このとき鳩山一郎はそこに出てくる「友愛」Brüderlichkeit; fraternity に深い感銘を受けたといわれている。鳩山由紀夫が「友愛」を掲げるのは、この祖父に由来している。しかし、「友愛」という理念は、鳩山家の伝統というだけでなく、むしろそれ以上に、今日の状況との関連で理解されるべきであるし、鳩山自身も次のように述べている。

現時点においては、「友愛」は、グローバル化する現代資本主義の行き過ぎを正し、伝統のなかで培われてきた国民経済との調整をめざす理念といえよう。それは、市場至上主義から国民の生活や安全を守る政策に転換し、共生の経済社会を建設することを意味する（鳩山 2009）。

小泉の二項対立の政治は話し合いや調整を否定し、その新自由主義的な政策傾向は、格差や社会的な分断を生んだ。こうしたなかで「友愛」は、小泉政権の路線に対するアンチ・テーゼとして、さまざまな階層や党派を包括し、排除しない政治のための標語となった。

しかしながら、「友愛」を政治の中心的な原理とすることには、特有の問題がついてくる。マックス・ウェーバーは、『宗教社会学論集』の「中間考察」において、「友愛」Brüderlichkeit はあらゆる救済宗教の基礎にあるものであり、それが突きつめられれば、「愛の無差別主義」Liebesakosmismus となり、現世の諸論理、とりわけ党派争い、権力、戦争と結びつく政治とは決定的に対立すると述べている（Weber 1989a: 490-499 = 1972: 117-130）[11]。もちろんこのような宗教と政治の対立関係の確認は原理上のものであり、現実にはさまざまな妥協がなされてきた。しかしそれでも、「友愛」を掲げることで、党派性、権力、あるいは決断にかかわる困難を抱え込むことは否定できない。鳩山が民主党を立ち上げたとき、中曽根康弘は「ソフトクリームみたいなもの。夏が終われば溶けてなくなる」と述べたが、それにはそれなりの理由があったということかもしれない。現実政治において「友愛」は、それとは異質の原理によって補完されることなしには成り立ちえない[12]。

しかも、こうした「友愛」が「脱官僚」というスローガンと結びつくとき、その問題性はさらに深刻となる。すでに指摘したように、「脱官僚」によって、政治的な決定の空間は広げられる。それにもかかわらず、多様な立場や利害を排除しないという意味での「友愛」を唱えることは、政治的な決断の負荷を自ら高め、そのハードルを上げながら、（排除や優先順位づけをともなう）決断を回避することにならざるをえない。小泉政権との対抗関係において「友愛」のもつ意義は評価しうる。しかし、それが「脱官僚」と結びつくと、決定できない状態の常態化が起こってくる。こうし

（11）ウェーバーに関する研究文献においては、Brüderlichkeit は通常、「同胞愛」と訳されている。
（12）この意味で、ガソリン税の暫定税率廃止などをめぐって、鳩山首相自身が政治決断をできずにいたこと、そして小沢一郎幹事長の「助け舟」（二〇一〇年度予算の重点要望」、一二月一六日）によってはじめて来年度予算の年内編成が可能になったというのは、たんなる裏話ではなく、この政権の本質にかかわることである。

た問題は、鳩山個人のキャラクターとも無関係ではない。しかし問題は個人の資質に還元できるものではなく、むしろ構造的な性格をもっている。

その結果、二つの問題が出てきた。第一の問題は、声の大きな人の意見が声が大きいというだけの理由で貫徹されることである。これまで官僚組織の「合理性」が押さえ込んできた、場合によってはかなり粗野な要求が、入り込んでくることになる。[13]

第二点は、決めることができないので、「先延ばし」が乱発されることである。これに加えて、情報公開と透明化を進めるならば、決定の困難性はさらに高まっていく。鳩山政権では、いわゆる「核密約」など、従来の自民党政権下で隠されてきたことがオープンにされた。この点は評価されるべきであるし、このことだけでも政権交代の意味は大きかったといえる。しかし同時に、カール・シュミットの呪縛もリアルになってくる。彼は「公開性」について、次のように述べている。

少数の人びとによって閉じられた扉のうしろでおこなわれる官房政治は、今や、そのこと自体で悪しきものと見られ、その結果、政治生活の公開性は、それが公開であることだけですでに正しくよきものと見られる。公開性は、さしあたって絶対主義の官僚主義的・専門家的・技術的な秘密政治に対抗する実用的手段でしかなかったにもかかわらず、絶対的な価値を獲得することになる（Schmitt 1926: 48＝2015: 41）。

密室談合政治を批判し、公開性を主張することは、政治的に強力な武器になる。しかしながら、「脱官僚」と情報公開によって「より多くのデモクラシー」を求めることは、混乱と「先送り」の乱発につながりかねない。少なくとも、「友愛」はこうした危険性を増大させることはあっても、これを解消することはない。

5 「反動」の前に

鳩山政権の性格を端的に表現するならば、「脱官僚」と「友愛」の接合であり、この接合は構造的に決定の負荷を高め、「決断の留保」を恒常化することになった。これが、本章のテーゼである。最後に、この「決断の留保」に関する論点に言及して、むすびとしたい。

かつてカール・シュミットは「主観化された機会原因論」として政治的ロマン主義をとらえ、その問題として、政治的な対立に直面して自らの主体性を介在させない、つまり決断を留保する点が

(13) このことは、「市民社会」の問題とも関係する。とりわけ東欧革命との関連で、硬直化した官僚制組織からなる国家から自立した市民社会が注目されてきた。市民社会から解離し、これを抑圧する「官」の問題性は明白である。しかし、ヘーゲルの『法哲学』を引くまでもなく、市民社会にすべてを任せ、「官」をかぎりなくミニマムにまで切り詰めていけば問題がなくなるわけではない。市民社会がその内部から生み出す問題への対処とそれを担う機構は、なんらかのかたちで必要とされる(Walzer 1992=1996)。

あると指摘した。もちろん鳩山由紀夫首相を「政治的ロマン主義」者と評価するのは適切ではないだろう。彼は民主党結党時から中心的な役割を果たし続け、「排除の論理」も行使した政治家である[14]。しかしそれでも、「脱官僚」と「友愛」を掲げる彼の政権には、あまりに大きな決断の負荷が構造的にかかっており、したがってここにシュミット的な問題を見いだすのは、誤りではない。ここで重要なのは、個人的な資質ではなく、そうした問題を生み出す政権の構造である。

しかしながら、このようにシュミットを参照して鳩山政権を批判することで、問題が解決するわけではない。なぜなら「決断の留保」を告発する側にも、かなりの難点があるからである。シュミットはワイマール時代の議会の状況について、次のように述べている。

今日人びとの運命がかけられているような政治上および経済上の重大な諸決定は、もはや（もし、かつてはそうであったとしても）、公開の言論における意見の均衡の結果ではないし、議会の討論の結論でもない。〔…〕諸政党あるいは政党連合のより少人数の、また最小の人数の委員会が、閉じられた扉のうしろで決定を下すのであり、大資本の利益団体の代表たちが最も少人数の委員会でとりきめることが、数百万人の日々の生活と運命にとって、おそらく前述の政治的諸決定よりもさらに重要なのである（Schmitt 1926: 62 = 2015: 60）。

こうした診断がいかに正しく、説得力をもつとしても、議会の否定という結論を受け入れるわけにはいかないだろう。そして政治的決断の負荷が重く、決断できないのは問題であるが、それを批判するのに「決断主義」や「権威主義」が安易に持ち出されるとすれば、やはりそれに追随するわけにもいかない。ウェーバーは一九一九年一月二八日に革命的な雰囲気に包まれたミュンヘンで講演「仕事としての政治」Politik als Berufを行い、その末尾で「反動」が訪れることを予言した（Weber 1992: 250-251 = 2018: 214-216）。支配の極少化という意味での民主化の要求が秩序を不安定化させ、「反動」への欲望を高めることを、彼は見抜いていた。

本章では、デモクラシーにおける「決定の負荷」に注目してきた。ただ、注意が必要なのは、こうした負荷を問題視してきたのは、アーノルト・ゲーレン、ニクラス・ルーマンといった「新保守主義」に連なる思想家だったということである。[15] また一九七〇年代の「統治可能性」governabilityをめぐる議論でも、政府への要求の制限や権威の復権が求められた。[16] 鳩山内閣にかかる「決定の負荷」を問題にするとしても、権威主義的な傾向を帯びる議論を単純に蒸し返すことがいいとも思えない。

（14）一九九六年、旧民主党結成の際に、鳩山由紀夫は「新党さきがけ」の武村正義らの合流を拒否した。このときメディアで使われたのが「排除の論理」という表現だった。

（15）ルーマンと新保守主義との関係は、もちろんそれほど簡単ではない。両者の関係については、（Thornhill 2000: Chap. 5 = 2004: 5章）を参照。（小山 2015）は、カール・シュミットとの対抗関係においてルーマンの「市民的自由主義」を描き出している。

このようなことを考えると、鳩山政権の「決断の留保」を非難し、「ブレ」や「先延ばし」を嘆くのは、「より多くのデモクラシー」という方向性に当然ついてまわる「熟慮」や試行錯誤に対する理解のなさと、そうしたプロセスを大切にしようとするエートスの欠如に由来するといえるかもしれない。あるいは、小泉の政策路線や政治姿勢に批判的な立場をとり、それで民主党に投票したものの、鳩山政権を批評するときには、小泉政権の残存記憶を持ち出し、それを規範化するかたちで「リーダーシップの欠如」を非難するとすれば、そうした「民意」こそ、反省的な検討の対象にされるべきであろう。

偽装献金問題、財政危機のなかでのマニフェストからの撤退、ギクシャクする日米関係などを抱え、鳩山は二〇一〇年七月の参議院議員選挙を前にして、六月に内閣総辞職をした。しかし、そのあり方が問われているのは、この政権だけではない。むしろ鳩山政権をレビューする側の見る目こそが問われている。鳩山を論ずるのに、党や内閣をまとめきれない「指導力の弱さ」というボキャブラリーしかもちあわせないとすれば、むしろ有権者の側の政治理解の貧困が問題ではないか。鳩山首相を指して「史上最低」と評価する人がいるが、その判断の基準が「強いか、弱いか」というものさしであるとすれば、鳩山批判の次に出てくるのは、できるだけ「強い」、あるいは場合によっては権威主義的ですらある政治リーダーを称揚する可能性ということにならざるをえない。

官僚(制)への否定的な情念を動員しながら、「政治主導」を唱えるという議論のあり方を反省の俎上に載せなければならない。(17)

(16)「統治能力の危機」に関しては、「統治不能——保守的危機理論のルネサンスによせて」と題するオッフェの論文が参考になる(Offe 2003: 42-61 = 1988: 139-166)。(田村 2008: 1章)も参照。

(17)マックス・ウェーバーにおける〈官僚制 vs. カリスマ〉という構図については、本書、第四章を参照。「決められない政治」を批判して政権復帰した自民党のその後の統治のあり方については、本書、第IV部で考察する。ここには、「脱官僚」を掲げた民主党政権へのリアクションの力学が強く働いている。

第三章　「決められない政治」についての考察
――カール・シュミット『政治的ロマン主義』への注釈

カール・シュミット（Carl Schmitt, 1888-1985）は「友／敵」の区分を「政治的なもの」のメルクマールにしたことで知られている。政治学の教科書では、いくつかの「政治の定義」が紹介されることが多いが、そこには必ずといってよいほど、彼の『政治的なものの概念』（一九二七、三二年）が出てくる。しかし政治学史上のこの名誉は、彼が一時的とはいえナチズムに関与し、「ナチスの桂冠法学者」と呼ばれたという事実によって曇らされる。戦後、四〇年にわたってシュミットは大学に戻ることなく、公職に就くこともなく、生まれ故郷のプレッテンベルクの小さな家に隠遁し、彼を訪ねてくる少数の人たちだけを相手に対話を続けた。

こうしたこともあり、シュミットについては、論争的な話にならざるをえない。もっとも、プロ・シュミット派とアンチ・シュミット派が真正面からぶつかるというような対立があるわけではない。

政治的な立場からすると、シュミットには否定的にならざるをえないにもかかわらず、彼が提起した問題から目を背けることができない、という人がたくさんいる。しかも、彼の問題の圏域でものを考えていると、しだいに居心地の悪いところに自分がいることに気づかされる。彼が危険な思想家であり、それでいて面白い思想家である理由はこうしたところにある。(1)

この章では、シュミットの初期の著作『政治的ロマン主義』（一九一九年）の注釈というかたちで、この「居心地の悪さ」について考察する。この「居心地の悪さ」は、近年、政治ジャーナリズムで「決められない政治」という表現で論じられるものと深く関連している。

1 「決められない政治」

すでに「古典」としての地位を獲得している著作の「注釈」として、あまりに「時局」に引きつけた文章を書くことに対しては、批判があるのは承知している。(2) しかしカール・シュミットは「自らのおかれた文化的・歴史的状況の自覚なしに説かれた文化論や歴史論は論ずるに値しない」と主張し、「歴史認識に光と力を与えるのは現代にほかならない」ということを前提にしてものを書いた人だった（Schmitt 1963: 79 = 2007: 202）。この準則は、彼の著作を読むときにも適用されなければならない。明らかな誤読は回避しているが、焦点のぼやけた一般論ではなく、その具体的な対象をできるだけ鮮明にとらえるという作業なくして、『政治的ロマン主義』に入り込むことはできない。

実際、『政治的ロマン主義』の読者はそのように読むことをうながされてきた。橋川文三は自らが強く魅了された保田與重郎ら「日本浪漫派」を分析するために、*Politische Romantik* の初版を丸山眞男から借り出した（Schmitt 1919＝1982）[3]。また『政治的ロマン主義』（みすず書房）の訳者、大久保和郎は、この訳書の「あとがき」でも書いているように、全共闘運動の趨勢を気にしながら、そしてそうした運動の担い手のメンタリティ（「心情的ラディカリズム」）と対峙しながら、この本を訳している（Schmitt 1968＝2012: 248-249）[4]。

私は次の一節を引用することで、この文章を始めたい。第一八〇回国会の開会に際する、野田佳彦首相の施政方針演説である。

昨年九月、野田内閣は、目の前にある課題を一つ一つ解決していくことを使命として誕生いたしました。「日本再生元年」となるべき本年、私は、何よりも、国政の重要課題を先送りし

（1）たとえば、丸山眞男は「敵から学ぶ」として、シュミットと対話し続けた政治思想史家だった。丸山のシュミット受容については、（権左 1999）を参照。また本章、第一〇章でも論じるように、ユルゲン・ハーバーマスもシュミットを激しく批判しつつ、同時にシュミットから多くを学んだ社会哲学者の一人である。
（2）本章は、『政治的ロマン主義』の新版（二〇一二年刊行）の「解説」として書かれた。
（3）この事情については、丸山眞男「『日本浪漫派批判序説』以前のこと」を参照（丸山 1996a: (12)-261-285)。
（4）『政治的ロマン主義』みすず書房の初版は一九七〇年に刊行された。

てきた「決められない政治」から脱却することを目指します（二〇一二年一月二四日）。

二〇〇九年の政権交代以来、民主党政権は「決められない」という批判につねにさらされてきた。沖縄の米軍基地移転の問題にしても、TPPにしても、震災復興やエネルギー政策、あるいは消費税増税にしても、党内の意見は集約できず、また「ねじれ国会」の状況にあって国会での議論もなかなか先に進まないという光景が常態化した。

こうした「決められない政治」には、はじめて政権を担当した民主党の政治的な未熟さが深く関係していることは誰も否定しないだろう。また「脱官僚」を中心的なスローガンにして出発したことにともなう決定の困難さも指摘されるべきである（本書、二章）（野口 2011a）。しかしながら、この「決められない政治」の原因は、民主党政権の力不足だけなのか。別の政党や他の政治リーダーが政権に就いたからといって、この問題は容易に解消されることはなく、それどころかその根ははるかに深いところにあるのではないか。このように考える人は、すでにカール・シュミットの『政治的ロマン主義』の問題圏にいる。

この本は、一九一九年、「決められない」政治体制ワイマール共和政の成立の年に、その体制の問題の核心を突くようにして上梓された。ここでシュミットは、「決定できない」ことの根を思想史的に探り、ロマン主義にその問題の中心を見いだそうとする。「ロマン主義者の精神的立場において最も重要な点は、神々の争いに自分の主体的人格を介入させないことである」（Schmitt 1968: 96

＝2012: 80)。このような言い方で、シュミットはウェーバーの「神々の闘争」という時代認識を引き受けながら、この時代の問題点を指摘している。本章では、「決められない政治」という状況を意識しつつ、シュミットのロマン主義批判について考えてみたい。

2 ロマン主義と浮遊する自己

カール・シュミットは一般に、法学者・政治学者として知られている。こうした理解からするならば、ロマン主義について縦横に論じている本書は一見して奇異な印象を与えるかもしれない。しかし、初期のシュミットの仕事には、博士論文『責任と責任の種類について』（一九一〇年）、教授資格論文『国家の価値と個人の意義』（一九一四年）とならんで、文芸的な作品がいくつも含まれている。フリッツ・アイスラーと共著で、ヨハネス・ネゲリヌスという偽名で出版された『影絵』（一九一三年）[5]、表現主義者ドイブラーを論じた『テオドール・ドイブラーの「北極光」』（一九一六年）、風刺文「ブリブンケン」（一九一八年）などがそれである。『政治的ロマン主義』の近代批判は、こうした仕事を基礎にして書かれている。

（5）今ではインゲボルク・ヴィリンガーによる詳細な注釈付きで、このテクストを読むことができる（Villinger 1995）。

一八世紀後半からヨーロッパで広がった啓蒙に対する批判的な文芸潮流であるロマン主義は、政治的には神聖政治や復古体制の擁護と結びつくことが多い。これに対してシュミットは、こうした結びつきを切断する。ロマン主義は近代以前の伝統や思考に接近することもあるが、それと対立するさまざまな政治的立場にも結びつきうる。ロマン主義的な心情は失われた伝統への賛美に向かうこともあれば、左派急進主義に向かうこともあるという。

ロマン主義者における政治思想の発展のこの概観は、ロマン主義的な世界感情・生命感情がどれほど相異なった政治的状態にもどれほど対立的な哲学理論にも結びつき得ることを証明している。革命がおこなわれているかぎり政治的ロマン主義は革命的であり、革命の終焉とともに保守的になる（Schmitt 1968: 160 = 2012: 138）。

シュミットの理解によれば、ロマン主義者にとって重要なのは、自らを縛り、方向づける（客観的な）原理や規範、つまり causa ではなく、[6] さまざまな政治的な出来事を「きっかけ」として（主観的に）利用しながら、情念的に盛り上がること、あるいはなにか——書物であれ、アニメであれ、革命であれ——を「ネタ」にして、濃密で、高揚した時間をもつことである。

シュミットはロマン主義的な主観性のこのような特徴を言い当てるのに、「主観化された機会原因論」subjektivierter Occasionalismus という表現を用いる。occasio は、日本語にすれば、「機因」、「機会」、あるいは「偶然」ということになるが、いずれにしてもうまく核心をとらえられず、訳者も苦労している。しかし、言葉の難解さとつかみにくさに反して、これによって問題にされようとしている事態は、おそらく私たちにとってそれほど理解することが困難なものではない。「大きな物語」があるわけではなく、一貫した生きる原理が与えられているわけでもなく、さまざまな断片的な、そして必然性も一貫性もない occasio に囲まれ、それらにふりまわされ、ときには心を閉ざし、ときには有頂天になりながら、自分なりの個人化された生を生きているという感覚をもっているとすれば、その人はシュミットの描き出すロマン主義と無関係ではない。彼がロマン主義という語によって問題にするのは、さまざまな「きっかけ」の断片に非一貫的に、そしてときとして過剰に反応してしまう「浮遊する自己」のことだからである。

(6) シュミットが使う causa は、マックス・ウェーバーのザッヘ Sache(事柄)とほぼ同義である。「ザッヘに仕える」とは、それによって強制される規範に従うという意味をもつ。なおウェーバーの『職業としての学問』『職業としての政治』の新訳『仕事としての学問 仕事としての政治』では、この「ザッヘ」は「なにごとか」と訳されている(Weber 1992 = 2018: 25 註)。

3 自由主義批判

自由主義と共同体主義の論争のなかで、後者から前者への批判のポイントの一つが「負荷なき自我」（M・サンデル）、「遊離せる自我」（Ch・テイラー）であることは、よく知られている（藤原 1993）[7]。このような図式で考えるならば、啓蒙的な理性によって破壊された共同体に注目し、その復権を唱える点で、ロマン主義と共同体主義には親近性がある。これに対して、シュミットの議論では、共同体主義の敵対者である自由主義こそ、ロマン主義と連続しているとされる。

シュミットは、アダム・ミュラーの『対立論』（一八〇四年）を読み解きながら、次のように述べる。「ここには自由主義的な「議論」と「均衡」のロマン主義化が見られ、同時にこのロマン主義の自由主義的な素姓が見られる」。この文脈でシュミットが注目するのが、「何らかの対象を社交的な gesellig 言葉のたわむれのきっかけとする或る特殊なロマン主義的生産性の呼称」、つまり「会話」Gespräch である（Schmitt 1968: 160 = 2012: 138: 167）。

さまざまな断片に引き裂かれるロマン主義的な主体は、その内においても、そして対他関係においても、そうした諸断片のあいだの「会話」を継続する。しかもそれらの諸断片に容易に優劣をつけることができないので、その「会話」はいつまでも、いつまでも続き、「永遠の会話」ということになる[8]。本章の冒頭で、昨今の「決められない政治」はまさにシュミットの『政治的ロマン主義』のテーマであると指摘した。自由主義がさまざまな価値のあいだに優劣をつけることを拒否し、その意味で「中性化」しながら、それらの平和的な共存を図る思想であるとすれば、その主体の側での表現がロマン主義ということになる。

この論点は、『政治的ロマン主義』の初版と第二版（一九二五年）のあいだの時期に発表された『現

（7）チャールズ・テイラーは disengagement（「遊離」ないし「距離を置く」）を、ウェーバーの disenchantment（「脱魔術化」ないし「魔法が解ける」）と関係づけて理解している（Taylor 1989: 186 = 2010: 216）。ウェーバーにおける（英）disenchantment;（独）Entzauberung については、（Weber 1992: 87 = 2018: 43）を参照。

（8）目的を捨象し、相互のコミュニケーションの継続を楽しむ「社交性」Geselligkeit も、シュミットにとっては当然「ロマン主義的」ということになる（Schmitt 1968: 40 = 2012: 33）。この文脈で彼はゲオルク・ジンメルを意識していたかもしれない。多くの読者と聴講生を獲得しながら、ユダヤ人であるということと、独特な学風のため、長らく正教授になれなかったジンメルは、一九一四年にベルリンを離れ、シュトラスブルク大学の哲学教授に就任した。ジンメルの著作『社会学の根本概念』（一九一七年）の第三章は、一九一〇年の第一回社会学会での講演をもとにしたエッセイ「社交性」であり、ここではまさにシュミットとは対極的に、「話題」を偶然的、可変的な「手段」としながら、それ自体の継続を自己目的として展開される「会話」のポジティヴな意義が強調されている（Simmel 1996b: 103-121 = 1979: 67-92）。もっとも、シュトラスブルク大学で学位を取得し、のちにベルリンで活躍することになる「友／敵」の法学者シュミットは、「取っ手」でも、「売春」でも、「橋と扉」でも、自在に議論の「機縁」にしてしまう、この「よそ者」の社会学者ジンメルについて、ほとんど言及していない。言及があっても、日記などでのあまり重要とは思えない数カ所だけしかない。ジンメルとシュミットの関係については（野口 2016a）でさらに詳しく論じている。また、最近、Web 媒体に書いたエッセイ「「コミュ力重視」の若者世代はこうして「野党ぎらい」になっていく」は、ジンメルとシュミットの対抗関係を「コミュ力」と野党 opposition にスライドさせて論じたものとして読んでいただくことも可能である（野口 2018c）。

代議会主義の精神史的地位』（一九二三年）でも展開される。シュミットはこの著作でリベラル・デモクラシーの根幹を揺さぶる。通常、議会は民主主義の制度とされる。しかし議会が諸価値の共存と対話の場であるかぎりにおいて、むしろこれは自由主義の制度である、とシュミットは主張する。これによって議会とのつながりから解放された民主主義は共同的に一つの決定を作成することに力点を置くかたちで定式化しなおされ、「独裁」とも矛盾しないことになる。

こうしたシュミット的な概念整理に依拠するならば、自由主義的近代において、そしてロマン主義的な精神において、「決められない政治」はまさに不可避であることが明らかになる。自由主義はその前提である社会の凝集性を疑わしくすることがある。個人の自由が許されているなら、なぜわざわざ面倒な他者とお付き合いしなければならないのか。自由主義は、その知的リソースによっては、社会的連帯を生み出すことはできない。自由主義的な原則は、個人の自己選択を尊重し、「皆」に反対する自由も尊重する。このため自由主義は共同の決定を困難にすることはあっても、集団的な決定のために提供できるものはほとんどない。問題の根の深さは、たまたま政権を担当している政党や政治家のレベルなどではなく、自由主義的近代の克服なくしてそれは解決できない。シュミットの土俵で考えると、当然、こうした結論になる。

4　ウェーバーの影

ロマン主義的な人格は、そのときどきの occasio に反応はするものの、一つの決断をし、また筋の通った生き方を貫くことができない。このためなんらかの振舞いが求められるときには、「最も身近なものと最も強力な勢力に服従」（Schmitt 1968: 228 = 2012: 197）してしまう。このためロマン主義的な人格の政治行動はご都合主義的で、場当たり的で、一貫性がない。またこうした人格と相関する自由主義的な議会は、さまざまな勢力が競い合い、それぞれの意見を述べ、議論はするものの、一つの共同的な決定を作成する能力に乏しい。意見の多様性が増し、自由の度合いが増せばそれだけ、迷走とブレも深刻になる。

以上のようにまとめるならば、これは一〇〇年前のドイツの問題であった以上に、今日の私たちの問題であることがわかる。しかもG・D・H・コールやハロルド・J・ラスキなどの多元的国家論と批判的に対峙していたシュミットの時代以上に、ポストモダンを経由した今のほうが、その難しさのレベルは上がっている。

ここでは、こうした危機に対するカール・シュミットの立場について、マックス・ウェーバーのそれと比較することで考察してみたい。シュミットが晩年のウェーバーのミュンヘン大学におけるゼミナールに参加していたことはよく知られている。また『政治神学』（一九二二年）は、『マックス・ウェーバー記念論集』に掲載された論文「主権概念の社会学と政治神学」と重なる（Schmitt 1923）。

こうした二人の関係には、たんなるエピソード以上の意味がある。ウェーバーは近代における諸価値の多元的な合理化と「神々の闘争」を宿命としたが、そうした認識は、用いられているタームの違いを除けば、かなりのところ『政治的ロマン主義』のそれと一致している。ウェーバーは講演「仕事としての学問」(一九一七年/一九年)で、諸価値が相争う状況において学問にできることは、(政治的な)立場を「内的な一貫性」innere Konsequenzによって制御し、それによって自らの行為の究極的な「意味」を自覚化させることであるという(Weber 1992: 104＝2018: 75)。学問は人生について、どうすべきかを指し示すことはできないが、それでも矛盾したり、支離滅裂になったりしないように、意味の整序をして「明晰さ」を提供することはできる。ウェーバーがこのように控えめに学問の意義を語るとき、ロマン主義者のオポチュニズムと「非一貫性」に対して、なんらかの歯止めをかけようとする問題意識をそこに確認することができる。

また「仕事としての政治」(一九一九年)では、「究極的な世界観が相互に衝突しており、最終的には、そのなかで選択」がなされなければならない、と確認したうえで(Weber 1992: 230＝2018: 185)、その決め方の類型として責任倫理と信条倫理の議論を展開している。ここでも決定(決断)が難しくなっている状況において、ロマン主義的な「非決断」、そしてその反動としての「不毛な興奮」(ジンメル)をしりぞけるかたちで、ウェーバー自身の「決め方」の政治理論が語られている。「決めること」が難しくなっている時代状況にあって、ロマン主義と格闘している点で、ウェーバーとシュミットは連続している。

5　シュミットの立場

「決められない」時代を背景にして、ウェーバーの政治理論はあらためて検討されるに値する。しかしながら、彼のいっていることにはヒロイックなニュアンスが滲《にじ》んでいることもまた事実である。別の言い方をすれば、かなり無理をしなければ不可能なことを、彼は自らに（そして私たちに）要求している。

価値の多元化と、流動化と、複雑化は、ウェーバーの時代においてすら、生き方の「（内的）一貫性」を確保することを困難にしていた。「禁欲的プロテスタンティズム」に内在する宗教と世俗のあいだの、もはや媒介しきれない葛藤を自分の生涯のなかで反芻し、その矛盾をもっともよく観察したのは、ウェーバーであった。政治的な「決断」はますます困難な時代になっていた。「神々の闘争」的な状況のなかで、「話せばわかる」とは、彼はけっしていわなかった。彼はそうした困難さのなかで、「責任」について語っている。そうであるとすれば今日、そのようなペシミスティックな認識を脇にどけてウェーバーの政治理論を拒否しようとするならば、問題の深刻さをつかみ損ねてしまうだろう。いずれにしてもシュミットは、ウェーバーの理論では不十分であり、彼を超えていくことなしに、時代の危機は克服できないと考えていた。

シュミットは、ウェーバーのように「知的誠実」や「責任」を持ち出すのではなく、むしろド・メストルや、ドノソ・コルテスといった反革命のカトリシズムを評価した。価値対立のただなかにおける決断の負荷をそれぞれの個人に負わせるのではなく、そうした負荷を吸い上げる権威ある政治秩序を構想する。多元主義の政治理論家であるにもかかわらず、あるいはそうであるがゆえにド・メストルに関心をもったアイザイア・バーリンは、その立場を次のようにまとめている。これはシュミットの基本的な認識にも通じている。

合理主義は無神論、個人主義、無政府状態に導く。社会組織は人々が自然の上位者を承認するからこそ固まるのであり、人々が従うのは、どんな合理主義哲学も説明しきれぬ、自然的権威についてのある感覚を彼らが感じるからである。国家なくして社会はあり得ず、国家は主権という最高の法定なしにあり得ない。主権は無謬性なしに、無謬性は神なしにあり得ない。教皇は地上における神の代理人であり、あらゆる正統な権威は教皇から引き出される（Berlin 1992: 134＝1992: 139-140）。

「共通善」を強調するトミズム的な思想を拒否し、「友／敵」関係に「政治的なもの」を見るシュミットを「カトリシズム」の思想系列に入れることには、議論があるだろう。しかし、自由主義的な近代の危機への彼なりの応答と考えるならば、彼の立場は理解できないものではない。もちろん「リベラル・デモクラシー」の立場からすれば、彼の立場はあまりに「反動的」ということになる。ただこの批判は、「リベラル・デモクラシー」が安定的に機能しているという条件でのみ成り立つ。

別の言い方をすれば、こうした条件が大きく動揺しており、それに対する思想的な応答が十分になされていない状況では、シュミットの理論の存在感は——それに賛成するにせよ、それを拒否するにせよ——無視できないものとなる。

とはいえ、カール・レーヴィットがそうしたように、このような保守的なカトリシズムの立場は、シュミットが批判している「機会原因論」——状況に応じて、たまたま都合がよいものに、熱狂的にとびつく——ではないのかという問いも立てることができる（Löwith 1984: 32-71 = 1971: 89-163）[9]。シュミットは、アダム・ミュラーに対して、次のように述べている。

彼〔ミュラー〕は自分自身の重心をもっておらず、具体的な経験や自己の責任に拘束されなかったら、或る考え方に心を動かされるとその考え方の論理を追って、その考え方の打出す主張の最も極端な形にまで簡単に行ってしまうのだ（Schmitt 1968: 177 = 2012: 154）。

シュミット自身はこうした嫌疑からどれほど離れていられるのか、という問題である。彼がヴェ

（9）エルンスト・ユンガーも一九三〇年八月二日付けのシュミット宛ての書簡において、「ロマン主義批判をあなたご自身はあなたのご研究の中に取り入れていらっしゃらない」とコメントしている（Jünger/Schmitt 1999: 6 = 2005: 3-4）。

ストファーレンの小さな町プレッテンベルクのカソリックの家庭に生まれ、終生その信仰を貫き通したとしても、また同時代の多くのカソリックの思想家との知的交流をもっていたとしても、ロマン主義を経由した時代にあえて「反動」ともいえる立場を標榜することには、「機会原因論」の一つの変奏の響きを感じないわけではない。[10] ロマン主義以降、すべての人がロマン主義と無関係ではいられない。ロマン主義的な近代にこれほど深い理解を示した当のシュミットが、自分だけはそうした思想傾向から自由である、ということが可能なのだろか。

そしてなによりも、〈いかなる決定であったとしても、決定されないよりはマシである〉という立場は、ものすごくひどい決定であったとしても、それに反駁することは許されず、従順に従わなければならないという権威主義的な結論に行き着かざるをえない。ホッブズが自然状態を最悪な状態として描くことで、絶対王政を擁護し、それに対する抵抗を封じたように、そこには権力への批判や相互批判の可能性は残されていない。シュミットの場合、ナチズムとの関係が重くのしかかるので、こうした立場の危うさはいっそう深刻である。

6 「決めてほしい」願望とカリスマへの期待のなかで

『政治的ロマン主義』で描かれているアダム・ミュラーは、ときどきの「政局」のなかでさまざまな政治的な立場と結託する。その変遷は無節操であり、一貫性がない。こうした様を描くシュミットの筆致は鋭く、政治的ロマン主義者への怒りと嫌悪を読者に呼び起こす。そしてこうした記述を読むと、政党の離合集散のなかで、うまくたちまわっているように見える現代の政治家の何人かの姿を思わず想起してしまう。

また、いつまで議論(会話)していても決定できず、無駄に時間を浪費し、国民生活を疲弊させているとの印象を、今日多くの人びとがもっている。こうした状況で、このような「決められない政治」の根が、ロマン主義的な主体のあり方と自由主義を原理とする議会にあるとわかれば、それを克服する方策を、多少無理をしても手に入れなければならないと感じるかもしれない。党派争いや権力ゲームではなく、ちゃんと「決定してくれる」こと、ブレたり、迷走したりせず、強い政治指導を実現すること——今の状況で、シュミットの『政治的ロマン主義』を読むということには、どうしてもこうした願望がつきまとってくる。ただ、「決断の留保」と「デスパレートな自己主張のパトロギー」(橋川 1998: 76)は対立しているわけではなく、むしろ一つ下の層においてつながっている。政治的ロマン主義者ほど、〈今のままではダメだから、とにかくなにか変えてほしい〉という偶然的な「機会」にすべてを賭けようとする。しかもすでに指摘したように、それを

(10) 批判している当のものになおも囚われているのではないかという疑問は、レオ・シュトラウスによっても指摘されている。シュミットは、自由主義を批判するが、それに代わる秩序原理を示しえていない、とシュトラウスは述べている(Strauss 2001: 217-238 = 1990: 207-240; 1993: 123-159)。

批判するシュミットの立場自体もかなり危うい。

こうした危うさに関して、シュミットがどのように考えていたのか、私にはわからない。ただ、議会主義的な合法性に回収されない「カリスマ的レジティマシー」をめぐる問題に、彼は最晩年までこだわっていたということは事実である。ウェーバー研究者の安藤英治への、一九七二年九月一二日付けの書簡において、シュミットは次のように書いている。

マックス・ウェーバーは、今日、ドイツの研究家の間では、すでに陳腐 veraltet とされております。彼の最高度に透徹した洞察はまだ、かつて知られていないと私は断言できます。それはカリスマ的正当性〔レジティマシー〕についても言えることです。私は一九七〇年に出版した『政治神学II』においてその問題に立戻りましたのでD&H社〔シュミットの本を数多く出しているベルリンにある出版社 Duncker & Humblot〕に一部を貴方宛に送らせたく存じます（安藤 1992: 59）。

当時、ヴォルフガング・J・モムゼンの『マックス・ウェーバーとドイツ政治』（一九五九年）によって、ウェーバーからシュミットを経由してナチズムへ、という「カリスマ」の系譜が批判的に検討され、一九六四年のウェーバー生誕一〇〇年シンポジウム（ハイデルベルク大学）以降、それが通説として定着していた（Mommsen 1974＝1993-1994）。こうした流れに抗するように、シュミットはカリスマの問題がけっして過去のものになってはおらず、それどころか十分に解明されてさえいないという。このとき、おそらく安藤も含めて、このことの意味を理解した人はほとんどいなかった。しかし、この当時、誰も見向きもしなかったシュミットの発言に、私たちはふたたび真剣に向き合わなければならなくなっている。

カール・シュミットは鋭く、かつ正しい問題提起をした。しかし、彼の出した答えにもたれかかることは、やはりできそうもない。「決められない政治」のなかで、危機における「例外状態」の宣言や、議会の無効化宣告や、カリスマ的な決断できるリーダーへの期待というシュミット的なトピックが前景化している。シュミットの問題提起を受けとめながら、シュミットの立場から距離をとって思考しなければならない。必要なことは、シュミットを無視することでもなく、シュミットに従うことでもなく、彼が私たちに残した「居心地の悪さ」から逃げないことである。

第四章　カリスマと官僚制
――マックス・ウェーバーの政治理論へのイントロダクション

第二章では、政権交代によって誕生した民主党政権について検討し、官僚制批判と「決められない政治」の関連を問題にした。第三章では、カール・シュミットの『政治的ロマン主義』を読み解きながら、「決められない」状況への不全感と強いリーダーシップへの待望について考察した。以上を踏まえて本章では、マックス・ウェーバーにおける「カリスマと官僚制」の対抗図式を再検討する。

1　サッチャー以後

イギリスの元首相で、「鉄の女」との異名をもつマーガレット・サッチャー（Margaret Thatcher

1925-2013）の業績については、今日でも議論が分かれている。彼女は、硬直化した官僚組織に対して、市場原理の導入と民営化という明確な原理を掲げて強いリーダーシップを発揮し、「改革」を推し進めた。これによってイギリス経済を再生させたという賞賛もあれば、雇用を不安定化し、「社会」を壊したという批判もある。ただいずれにしても、サッチャーが首相になった一九七九年以降、いわゆる新自由主義を基調としながら、官僚制と戦う強い政治リーダーという図式が確立され、多くの国や地域の政治シーンを席巻してきたということについては、意見が一致するだろう。

およそ一〇〇年前のマックス・ウェーバー（Max Weber 1864-1920）の仕事が今日の私たちにとって興味深い理由の一つは、それがサッチャー以後の政治的な言説に一つの理論的基礎を提供していることにある。ウェーバーは不可避的に進展する官僚制化の問題に目を向けながら、「カリスマ」という概念を政治の領域に導入し、これによって政治家、あるいは政治リーダーに関する政治理論的な考察に貢献した。

非日常的で、ふつうではない天与の資質のこと、あるいはそうした特別な資質をもっている人のことを、彼は「カリスマ」と呼ぶ。このとき天与の資質とは「とりわけ呪術的能力、啓示や英雄性、精神や弁舌の力」などの情緒的に人びとを引きつける力であり、このような力をもつカリスマは「預言者、軍事的英雄、偉大なデマゴーグ」などのことであるという（Weber 2005b: 734 = 1962: (I)-47）。今日、日本語の日常会話でもこの語は広く普及し、「カリスマ美容師」、「カリスマ店員」、さらには「カリスマ主婦」などの表現も耳にする。しかしウェーバーがこの語を用い始めたときには、それは超自然的な意味合いの強い宗教用語であり、少なくとも今のように日常的な事柄において日常的に用いられてはいなかった。彼の著作群ではしばしば宗教と政治が交差するが、なかでもカリスマは「宗教社会学と支配の社会学の結節点」をなしている（Radkau 2005: 600）（Hanke 2001: 32）。

マックス・ウェーバーは『プロテスタンティズムの倫理と資本主義の精神』（一九〇四、五年）の著者として、あるいはこのプロテスタンティズム研究を出発点にしながら、比較宗教社会学的に西洋近代特有の「合理主義」を解明しようとした社会科学者として知られている。「合理化」や「合理性」を鍵概念として用いるウェーバーが、このような意味でのカリスマに注目したのはなぜなのか。本章では、しばしば「官僚制 vs. カリスマ」という図式で展開される今日の政治的言説を批判的に検討するために、ウェーバーその人の著作に立ち返り、その来歴と振幅にも目を向けながら、カリスマ概念の意義と変容について考察する。[1]

2　価値の多元性と支配のレジティマシー

価値の対立は、どこでも、またいつの時代にも存在した。ソフォクレスの『アンティゴネー』に

（1）（野口 2011a）では、「官僚制 vs. カリスマ」という図式を、官僚制、あるいは官僚制批判の角度から考察したが、ここでは、前著の問題圏を政治リーダー、あるいは「カリスマ」の側から考察する。

は家族の絆と国家の論理の対立が描かれているし、ソクラテスの人生はまさに哲学と政治の対立を体現することになった。しかし、価値の対立が政治学の問題として前面に出てくるのは、宗教の対立が政治的闘争に直結し、政治秩序を脅かしていく、いわゆるコンフェッショナリズムを経験したあとのことである。こうした状況では、トマス・ホッブズ（Thomas Hobbes, 1588-1679）の『リヴァイアサン』がそうであるように、価値の違いゆえに争い合う諸党派を押さえつけ、アナーキーな状態から秩序を回復するために物理的強制力に特別な意味が付与されることになる。一定の領域内で「レジティマシーを有する物理的暴力行使の独占」を要求する共同体として国家を定義するとき（Weber 1992: 158 = 2018: 93）、理性的な話し合いによっては価値の対立（「神々の争い」）をどうにもできなかったという「近代」の経験を、ウェーバーは前提としている。

ウェーバーの政治の説明はしばしばハンナ・アーレント（Hannah Arendt, 1906-1975）のそれと対比される。アーレントは「権力」power; Macht と「暴力」violence; Gewalt を明確に区別しながら、前者は「他人と協力して行動する人間の能力」にかかわり、後者はむしろこれを破壊するという（Arendt 1972: 142 = 1975: 45 = 2000: 133）。そして一九八九年から九〇年代はじめのいわゆる東欧革命で私たちが目にしたことは、圧倒的な軍事力を基礎にした統治機構の「暴力」がふつうの人たちの「権力」を前にして自己崩壊するさまであった。アーレント的な政治理解からすれば、ウェーバーは「権力」を「暴力」によって置き換え、その潜在的な可能性を踏みにじっているということになる。

しかし、ウェーバーの政治観が「暴力装置」に尽きると理解するならば、それはあまりに一面的である。彼は「支配」が安定するためにはさまざまな利害や動機の連関があるとし、とくにレジティマシーが重要であるという。[2] 国家の定義についていえば、「物理的暴力行使」の前に「レジティマシーを有する」legitim という形容詞が付けられていることを忘れてはならない。ここでレジティマシーというのは、特定の価値的な立場（「善」good の構想）のことではない。特定の「善」の構想と政治的支配が一対一で結びつかない、あるいは結びつくことが自明ではないというのが、レジティマシーが語られる前提である。さまざまな価値的な立場の多元性や対立の可能性を認めたうえで、それにもかかわらず成り立ちうる政治的規範の位相に目を向けるために、ウェーバーはレジティマシーを

（2）ドイツ語 Legitimität; 英語 legitimacy の訳語としては一般には「正統性」が用いられている。しかし『支配の社会学』の訳者である世良晃志郎がそうしているように、ウェーバー研究においては「正当性」が用いられることが多い。その一つの理由は、ウェーバーのテクストでは宗教社会学と政治理論が相互に混ざり合っているという事情がある。宗教社会学で出てくるキーワードの正統 orthodoxy と異端 heterodoxy の訳語として、「正統」を使ってしまうので、legitimacy には「正統性」という訳語を充てにくくなるのである。また第二に、一般の用語法においてレジティマシーには「由来の正しさ」という意味合いが含まれているが、ウェーバーはこれを相対化しているという理由もある。
たとえばウィーン会議（一八一四〜一五年）で革命以前の状態の回復を目指してレジティマシー原理 Legitimitätsprinzip がいわれるときには、「由来の正しさ」という意味が強い。しかしウェーバーは「カリスマ」をレジティマシーの類型に入れ込むことによって、こうした含意を薄めている。なお、『岩波講座 政治哲学4』に掲載されたもともとの論文では「正当性」という訳語を用いたが、本書では全体を通じて「レジティマシー」に統一した。

論じる。

こうしたレジティマシーに注目して、「伝統的支配」、「合法的支配」そして「カリスマ的支配」という三つの支配の類型が挙げられる。(3)「伝統的支配」は、ある規範が世代を超えて長期間保持され、神聖なものとして妥当していることに基づく。伝統を「永遠の昨日」として神聖化する心性、あるいは伝統の変更はなにかよくない帰結をもたらすかもしれないという心理的な恐れがこの支配を支えている。もちろん「伝統」はつねにそれほど単一ではなく、またなんらかのかたちで「創造」されている。したがって複数の伝統がコンフリクトを起こす可能性やそのフィクション性が暴露される可能性はつねにある。ただそれでも意見や利害の対立が起こったときに、ある伝統に立ち返ることで、あるいはその伝統に今日的な解釈を加えることで、政治コミュニティの成員が納得し、そうすることで伝統が再生産されるならば、そこには伝統への信仰があるということになる。

ウェーバーはこうした支配の典型として家父長制を挙げている。家父長制というとあまりに「前近代」的な体制であり、いまさら一つの類型として考察の対象にする必要はないと思われるかもしれない。そして実際、ウェーバーの『支配の社会学』に含まれる家父長制、そしてその発展形態である家産制、さらには封建制についての長い記述は、今日の読者を遠ざけている。しかし過去の多くの政治体制はこの類型に入る。そして現在の自分たちの政治体制を理解し、その利点と難点を認識するためには、別の時代か、他の地域のそれと比較する必要がある。また、ウェーバーにおける家父長制、さらには家産制的支配の分析は、ヨーロッパの過去の政治体制だけでなく、中国への関心によっても動機づけられていることにも注意をうながしておきたい。宗教的なコンフリクトを経験したあと、（そのような対立のない）中国に関心をもち、イエズス会の宣教師らとの膨大な文通をもとにして『最新中国事情』を書いたライプニッツ（Gottfried Wilhelm Leibniz, 1646-1716）や、『哲学事典』において中国を礼讃する啓蒙主義者ヴォルテール（Voltaire, 1694-1778）などの系譜がある。彼らの議論を、ウェーバーは彼なりの仕方で引き受けて伝統的支配について論じ、また彼の中国論である『儒教と道教』（一九一五年）を執筆している。(4)

しかしそれにしても今日、私たちの多くがこうした支配を支持する気になれないとすれば、それ

（3）「三類型」について、ウェーバーはいくつかの箇所で論じているが、諸類型の説明の順番や力点の置き方にはズレがある。「近代化」のような単純な単線型の発展図式では彼はものを考えていない。講演「仕事としての政治」では、「伝統的支配」「カリスマ的支配」「合法性による支配」の順番で説明されている（Weber 1992: 160-161＝2018: 96-97）。また『世界宗教の経済倫理』の「序論」でも、宗教社会学的な文脈で「レジティマシーを有する支配」の基礎が論じられている。ただ議論の順番は「カリスマ」「伝統（主義）」「合法性」である（Weber 1988: 267-272＝1972: 86-93）。最後にウェーバーの死後、彼の配偶者であるマリアンネ・ウェーバーによって『プロイセン年報』に発表された「レジティマシーを有する支配の三つの純粋型」がある（Weber 2005b: 726-742＝1962: (I)-32-59）。このテクストは『経済と社会』の第四版に依拠している日本語訳『支配の社会学』では「第二節」に入っているが、『ウェーバー全集』の『支配』の巻（MWG I/22-4）では独立の論文として巻末に収録されている。ここでの類型の順番は「合法的支配」「伝統的支配」「カリスマ的支配」となっている。

（4）島恭彦の『東洋社会と西欧思想』は「東洋社会」を語る系譜のなかでウェーバーを位置づけている（島 1989）。

は伝統的支配が孕む「恣意性」ゆえであろう。なぜその伝統が私たちの伝統なのか。なぜそれを支配者がするような仕方で解釈しなければならないのか、あるいはそれ以外の解釈の可能性はなぜ否定されうるのか。または伝統によって規定されない領域では権力を独占した支配者の決定に従わなければならなくなるが、その根拠はどこにあるのか。このような疑問をもてばもつほど、「合法的支配」のレジティマシーが説得的に見えてくる。

行政と司法における実質的な合理化 materiale Rationalisierung と形式的な合理化 formale Rationalisierung とを区別することができる。前者は、ちょうど大家族の家長がその成員にするように、家産制的君主が功利的なまたは社会倫理的な立場から自己の臣民の福祉の増大を図るばあいに見られ、後者は、すべての「公民」に対してひとしく拘束力をもつ法規範の支配が、訓練をつんだ法律家の手で実現されるばあいに見られる。〔…〕形式主義的な法学的合理主義の勝利とともに、西洋では、伝来の支配の諸類型とならんで、合法的支配という類型が登場することになった（Weber 1988: 272 = 1972: 91-92)。

伝統的支配が依拠する伝統には恣意性が孕まれている。しかしここでの恣意性はまったく理解不可能な気まぐれというわけではない。一定の考えに基づいた理解可能な基準は存在するが、その基準は複数あり、争いうるために、すべての人を説得することはできない。こうした基準のことを、彼は「実質合理性」と呼んでいる。これに対して、どのような価値観や「実質合理性」を信奉していようとも、等しく妥当する基準のことを、ウェーバーは「形式合理性」と呼ぶ。すでに述べたように、ウェーバーにおいて「レジティマシー」が問題にされるのは、価値の対立があるにもかかわらず、一定の秩序形成を可能にしようとするときである。「形式合理性」は、「伝統」などに比べてはるかに、こうしたレジティマシーを充足することができる。(5)

もっとも、とりわけ『法社会学』のなかで議論されているように、「形式合理性」といっても、この概念にはかなり多様なものが含まれる。しかも「形式合理性」が「実質合理性」に対して一義的、かつ一方向的に勝利するわけではなく、そこにはさまざまなかたちでのコンフリクトがある。たとえば「すべての人に等しく妥当する」という自然法的公理を基礎にした形式主義的基準は、資本主義的な経済における不平等の進展のなかで、ある特定の（恵まれない）人びとの利益の実現という「実質的」な価値の実現のために相対化されることがあるし、実際そうされてきた。ある状況において形式的に平等な基準を遵守することは市場における一部の強者の利益を固定化し、労働のダンピングを促進することに寄与しかねない。しかしこうして形式主義が後退すると、（軽減税率をめぐる議論のように）実質的な基準と形式性の対立をどのように媒介していくのかという問題が

（5）ウェーバーの「実質合理性」と「形式合理性」の対概念については、マイケル・ウォルツァーにおける「道徳の厚みと広がり」thick and thin の区別と重ねて解釈することもできるだろう（Walzer 1994＝2004）。

出てきてしまう。形式的合理化によって排除しようとしたはずの恣意性の余地が、違うかたちではあるがふたたび拡大してしまう。

本書、第二章では、「脱官僚」の方針を貫こうとすると、「決定の負荷」を高めることになると論じた。ある時期に一律に策定された基準で進められる公共事業には、たしかに個別に見ると無駄と思えるものが少なくない。しばらく時間が経過し、周辺の事情が変化してくると、おかしなことが目立ってくる。しかし、「ここもおかしい、あそこもおかしい」と糾弾し、それらを「事業仕分け」しようとすると、それはそれでアドホックな「仕分け」という名の不明朗な決定の連続になる。「形式合理性」を批判する「実質合理性」の異議申し立てには、多くの場合、こうした問題がつきまとう。

またウェーバーは形式合理性のなかでも、自然法的な基礎をもつ形式主義と、しだいに超法律的な根拠を喪失していく、法実証主義的な手続きにおける形式主義を区別して論じている。後者のレジティマシーは、ある決定が法に準拠し、あらかじめ定められた手続きを経ていることに基づく。これによって、さまざまな価値観をもった人びとが、決定された実質的な基準については賛成できないが、それでも正しいプロセスを踏んでいるのだからその法律の中身には距離を置きつつも従うということになる。この場合、特定の価値への信奉をすべての人に強いることなく、したがって価値に関する多元性はある程度保持しつつ、それでも一定の集合的な決定が可能になる。

3　官僚制化の文脈

近代法の展開を追いながら、ウェーバーは「そのときどきの現行法を、合理的な、したがっていつでも目的合理的に変更できる、内容的な神聖さをいっさいもたない、技術的な装置であると見る」傾向を「法の不可避的運命」としている（Weber 2010: 639 = 1974: 534-535）。実質的な、したがって他の価値によって争われる余地のある観点から自由であるということが、ここでのポイントであり、これがまさに合法的支配の特徴ということになる。ウェーバーは近代官僚制的な組織こそ合法的支配の典型であるという。

ウェーバーの青年期のドイツでは、ビスマルク（Otto von Bismarck, 1815-1898）のもと、急激に軍備が増強され、また社会保険制度が導入された。当然これにともなって、国家の行政組織は拡大し、大規模化した。また、経済の領域でもヘンリー・フォード（Henry Ford, 1863-1947）が有名な自動車会社を設立するなど、大規模な生産体制が作られていくのが二〇世紀はじめであり、ウェーバーは一九〇四年にアメリカを旅行して、こうした現象を目のあたりにしている。さらに、ドイツ社会民主党が急速に組織を拡大し、政党組織の寡頭制化が進み、ロベルト・ミヘルス（Robert Michels, 1876-1936）が『政党の社会学』（一九一一年）を書いたのもほぼ同じ時期である。政府組織であれ、企業であれ、あるいは政党であれ、大規模組織を運営するためには、規則を定め、恣意性を排除し、権限と責任を明確化することが必要になってくる。ウェーバーが近代官僚制について語り、それが技術的に優秀であるがゆえに不可避的に進展するというとき、彼はこのような時代とその傾向を観察しながらそうしている。

しかし、こうした官僚制化が進展する、あるいは合法的な支配が拡大するということを「不可避」と考えながらも、ウェーバーはそれに対してアンビバレントな態度をとり続けた。そして実質的合理性と形式的合理性のしばしば見過ごされがちな対立局面を顕在化させようとする彼の姿勢には、どこか尋常ではない執念のようなものを感じることがある。また、形式合理性を支え、それを安定させるものが、恣意性を排除するという規範的な理由だけではなく、法律の専門性が高まるなかで人びとの「法の無知」が進むこと（Weber 2010: 639 = 1974: 534）、あるいは黙認しておいたほうが「得になる」というような「功利的」な理由であることも指摘している（Weber 2010: 612 = 1974: 502）。

ウェーバーを西洋近代の「合理主義」の思想家として、あるいは「近代化」の社会学者として図式的に理解しようとすると、彼が「合理化」の「合理的」ではない側面にこだわる理由がよくわからなくなる。彼が試みているのは、普遍的な発展傾向を確認することではなく、少なくともそれだけではなくて、形式合理性が孕む問題に注意を向けることでもある。(6)

実際、一定の正しい手続きを踏んでなされた決定がそれゆえに正しいという思考には、手続きを無視しようとする支配者の、あまりにわかりやすい恣意性を制限するという利点だけでなく、危うさも潜んでいる。ユダヤ人を強制収容所に移送する業務を担当し、六〇〇万人もの人びとを大量殺戮することに加担したアドルフ・アイヒマンは、逃亡中のアルゼンチンでモサド（イスラエルの諜報機関）にとらえられ、エルサレムで裁判にかけられた。この法廷においてアイヒマンは、ただ規則と命令に従ったにすぎないと言い張った。この裁判を傍聴したハンナ・アーレントは「悪の陳腐さ」という表現を用いてアイヒマンの問題性を要約したが（Arendt 1976a = 2017）、彼がしたような合法性という砦へのたてこもりに問題がないはずはないだろう。

同様の問題は、「市民的不服従」civil disobedience をめぐる議論でも確認できる。自らの良心に照らして不正と考えざるをえない政府の決定に反対するために、あるいはより高次の民主的な価値を実現するために行われる非暴力的な運動が、法律に抵触してしまう場合がある。こうした政治行動を法治国家に対する挑戦だとして一方的にしりぞけることを、ユルゲン・ハーバーマス（Jürgen Habermas 1929-）は「権威主義的リーガリズム」という表現を用いて批判的に論じている（Habermas 1985: 79-99 = 1995: 107-134）。ここでも硬直した合法的な支配が覆い隠してしまいかねない問題に焦点が当てられる。

ウェーバーがカリスマ概念を用いるのにはいくつか理由があったと考えられるが、そのなかの

（6）官僚制の概念の基本書である『官僚制』を書いたマーティン・オルブロウは、いわゆる「グローバリゼーション」について、もっとも早い時期に論じはじめた一人でもある。ただ、彼は“globality”という表現を好んで用いている（Albrow 1996 = 2000）。彼がこうした用語法にこだわるのは、「グルーバル化」が「宿命」的に理解されることを警戒するためである。かつてしきりに議論された「近代化」論が「必然」として理解されたことへの反省が、ここにはある。

もっとも重要な理由はここにある。合法的な支配に孕まれる問題は、合法性の原則によっては解決できないし、それどころか問題化すらできない。長い時間をかけて、所定のプロセスを踏んで決定された道路建設に対して、着工の直前になって反対する住民たちの声は、合法性という基準からすればしばしば排除されるべきノイズにすぎないということになる。そして、反対するなら決定がなされるもっと前の段階で、正規の手続きを踏んでなされるべきだったという反論を受ける。また実際、行政がいちいちそういう「ノイズ」に耳を傾けていたら、なにもできないということも否定できない。すでに確認したように、合法的支配は、多元的な価値が相克するなかで、それを縮減し、決定することを可能にする。しかし、状況の変化やその他の事情から、ある時点でこの合法性の論理の展開を止め、再考することが必要とされることもある。このためには価値をめぐる議論をシャット・アウトしてきた合法性の原則にいったん疑問を付し、価値の対立と正面から向き合い、その対立に方向性を与えることが求められる。ウェーバーによってカリスマが呼び出されるのはこの局面である。

「カリスマ的な支配」では、非日常的な資質（カリスマ）によってレジティマシーが調達される。このレジティマシーが成り立つかどうかは、人びとがそのカリスマを「承認」Anerkennung するかどうかにすべてがかかっている。このためカリスマ的な支配は根本的にきわめて「不安定」である。伝統的支配と合法的支配はそれぞれ方向性において異なるものの、日常的な継続性と安定性という点では共通しており、その支配の存立基盤を脅かすような諸価値の対立を顕在化させないことに利害関心をもっている。これに対してカリスマはこのような「恒常性」Stetigkeit を壊し（Weber 2005b: 460 = 1962: (II)-398）、価値の対立を顕現させながら、これを自らのカリスマによって方向づけようとする。

自然や環境運動、あるいは反原発運動などをテーマにしてきた歴史家で、ウェーバーの伝記（Radkau 2005）も書いているヨアヒム・ラートカウは、環境運動のはじまりには必ずといってよいほど、終末論的で、エキセントリックなカリスマがいたと指摘している（Radkau 2011a: 255-257）[7]。たしかに経済的な観点において合理的に形成されている社会に「エコロジー」という観点を導入しようとしても、この主張は容易に排除されてしまう。しかも既成の秩序に対する経済合理的な正当化の論理が整合的であるほど、そしてさらにそれによって恩恵を受けている人が多数派であるほど、冷静な話し合いのなかで「エコロジー」という価値観が受け入れられる蓋然性は低くなる。そうすると、環境運動の当事者はどうしても「冷静」ではいられなくなる。そして対話の可能性が排除されればされるほど、「信条倫理」に傾斜し、場合によっては非合法的な暴力に向かうことになる[8]。

これに加えて、激しい論争が行われている状況で一定の方向づけをしなければならないとき、尋

（7）ただし、ドイツの反原発運動についてラートカウは「カリスマを持った指導者的人物がいなかった」とし、「マックス・ウェーバーの「カリスマ的指導者」理論によってはあまり説明できない」とも述べている（Radkau 2011b = 2012: 35-36）。

常ではない「決定の負荷」がカリスマにかかってくる。今日の用語法においてしばしばカリスマには既成秩序の打破という役割が割り当てられる。そしてウェーバーもカリスマ的な政治リーダーに対して非日常的、革命的な意味を付与している。しかし、カリスマが持ち出されるのは、既存の価値観を壊すだけでなく、そのうえで顕在化してきた対立のなかで集合的な決定をするという困難な作業のためでもある。「相互に異なり対立し合うような宣示が競合する場合には、カリスマ的な手段によって、すなわち結局は共同体が正しい宣示に帰依することによって解決される」（Weber 2005b: 742 = 1962: (I)-55)。ウェーバーが描くカリスマ的なリーダーにはしばしばオルギア（狂躁）がついてくる。これもこのような事情による。今日、日常的に用いられる「カリスマ」という語からはほぼ欠落してしまっているが、ウェーバーは「英雄的忘我 Ekstase に入り込む能力」をこの語に含めている（Weber 2005b: 460 = 1962: (II)-399)。このようなカリスマ・イメージは、ウェーバーが描きだす古代ユダヤ教の預言者、とりわけエレミアについての記述によく示されている。国家存亡の危機のなかで、さまざまな党派的な見解が入り乱れているところで、預言者は自らの身を危険にさらすような預言を語る。より正確には、思ってもいない厄介なことを語らされる。「賜物」としての預言者の能力はその人が欲して手に入るものではなく、その人の自己利益になるわけでもない。そしてこのとき預言者は、しばしば灼熱する情念を爆発させる。

どんな祭司的慣習によっても身分的慣習によっても抑制されず、また禁欲的にせよ瞑想的にせよ、おおよそいかなる自己訓練によってもぜんぜん和らげられずして、預言者たちの灼熱する激情は爆発する。そして預言者のうちにはおおよそ人間の心のあらゆる深淵がひらかれるのである（Weber 2005a: 614 = 1996: 下 659）。

重大な局面で対立する人びとに方向を示すという行為にかかる過大な負荷がこうした非合理を呼び込むのか、あるいはこうした非合理な爆発があるから反対派も黙って従うことになるのか。一義的に説明されているわけではないが、いずれにしても、尋常ではない非合理性がカリスマにはついてくる。しかもカリスマとしての預言者は、どちらの方向に行くかによってその政治社会の運命が大きく左右されるような、したがって党派的な争いの強度が否が応でも高まったところで出てくる、とウェーバーは述べる。古代ユダヤ教の預言者について、彼は次のように書いている。「これらの預言者たちはもろもろの党派対立や利害闘争の渦中へと巻き込まれた。しかもなかんずく対外政策に関してそうであった。それはいかんとも避けられなかったのである。それは一方ではアッシリア

（8）講演「仕事としての政治」に出てくる有名な対概念に「責任倫理」と「信条倫理」がある。ウェーバーは基本的には、自らの行為の結果に対する責任を求める前者の立場を擁護する。しかし同時に「純粋な信条の炎、たとえば社会秩序の不正義への抗議の炎が消えてなくならないようにすること」を求める後者にも同列の価値を認めている（Weber 1992: 238 = 2018: 196）。両概念の関係については（野口 2011b: 1章）を参照。

の世界帝国と、他方ではエジプトの世界帝国との対立に対処する、国民国家体制の存亡をめぐる問題なのである。いずれかの党派に加担しないではすまされなかった」（Weber 2005a: 615 = 1995: 下661）。価値の対立を一身に背負うということと、彼の非合理性はつながっている。

ウェーバーがカリスマ概念を政治学の領域に持ち込んだことに対しては、あまりに反知性主義的だという批判がなされてきた。とくにドイツ政治史の文脈では、ウェーバーの没後、ワイマール共和政の混乱のなかでヒトラーが登場したという経緯があるので、ウェーバーのカリスマ論はヒトラーへの「露払い」として機能した、という指摘がくりかえしなされてきた。とりわけドイツの歴史家ヴォルフガング・J・モムゼンの『マックス・ウェーバーとドイツ政治』（一九五九年）は、当時の西ドイツの歴史認識とも関連しながら、大きな波紋を呼んだ（Mommsen 1974 = 1993-1994）。そしてこの点はもちろん、ポピュリズムが注目される今日においても、あるいは今日においてこそ重要な論点である。

しかし、ヒトラーを持ち出すことで、ウェーバーのカリスマ論を葬り去ることはできない。なぜならウェーバーが問題にしたのは、価値や利害が対立し、いくら理性的な話し合いをくりかえしても一つの決定にたどりつけない、という状況だからである。ウェーバーの批判者たちは、理性的な話し合いによる決定が可能であり、カリスマのような非合理的なものを政治に導入しなくてもすむという想定に立っている。しかし近代における価値の多元的な抗争状態においては、理性的な討論では「決められない」こともあるのではないか。[2] 前章でも述べたように、のちにカール・シュミットは『政治的ロマン主義』において、自由主義の前提のもとでは価値の対立には決着がつかず、「永遠の討論」に終わると指摘し、ウェーバーによるカリスマの問題を彼なりの仕方でとらえかえすことになる（Schmitt 1968＝2012）。たしかに、カリスマの濫用がきわめて危険であることは否定しえない。しかしそれでも、理性主義の立場からウェーバーのカリスマ論を一蹴してすむ話でもない。そしてもちろん、すでに述べたような「合法的支配」や合理的な官僚制的な組織に孕まれている問題が存在する。

以上のように、合法的な支配が支配的になるなかで、あるいはそうした傾向が強まり、社会の隅々に官僚制化が進めば進むほど、カリスマは否定されないどころか、ますますその存在感を大きくしていくことになる。そして合理的な官僚制的組織に対して戦うカリスマという、冒頭で述べたサッチャー以後の政治の構図も、こうしたウェーバーの議論からその説得力の一端を引き出している。

4　カリスマの来歴

官僚制的な組織と戦うカリスマという図式が前景に出ている。とはいっても、カリスマをめぐる

（9）政治的な「決定」についてのこうした認識は、ウェーバーが選挙制度としての比例代表制に否定的な態度を取り続けたこととも無関係ではない（野口 2018b）。

議論がこうした図式に収斂すると考えるのは早計である。ここでは、カリスマという語の来歴をたずね、その意味の振幅に目を向けておきたい。

「カリスマ」という語は、旧約聖書をギリシア語に訳した七十人訳聖書のなかにすでに見いだすことができる。このときカリスマ（χάρισμα）の意味は、（神の）賜物、あるいは贈り物である。そしてこうした意味での「カリスマ」は新約聖書の「パウロ書簡」のなかでくりかえし使われている。たとえば「おのおの主から分け与えられた分に応じて、それぞれ神に召されたときの身分のままで歩みなさい」（新共同訳「コリント信徒への手紙第一」七章17）とある。

ウェーバーが「非日常的な天与の資質」というとき、聖書におけるこうした用法を引き継いでいることは明らかである。しかし、「カリスマ」というのは強い政治リーダーのことだ、という現代の理解からすると、「おのおの」に「それぞれ」与えられた賜物という表現には違和感をもつだろう。一人の「カリスマ」が多数の人びとや大規模組織に対抗するという意味合いはここにはないからである。

ウェーバーが「カリスマ」という語を学んだのは、ドイツの法制史家で、教会法研究者のルドルフ・ゾーム（Rudolph Sohm, 1841-1917）からであった（佐野 1993: 1章）（Kroll 2001: 47-72）（松本 2018: 230-259）。彼は一八八三、八四年にシュトラスブルク大学で、ゾームの講義（教会法、ローマ法）を聴いている。初期キリスト教における教会とその組織化について考察した『教会法』（一八九一年）において、ゾームは「かつて官職はカリスマに依拠していた。いまやカリスマが官職に依拠している」とし（Sohm 1892: 216）、官職のヒエラルヒーからなる制度化された教会とは区別された霊的な存在としてカリスマを論じている。ウェーバーの用語法における、官僚制的な組織との対立的な関係という意味合いは、すでにゾームのカリスマ概念において存在している。しかし、ゾームにおいても、たった一人のカリスマがその例外的な「資質」によって組織を変革するということは考えられていない。むしろエクレシア、つまり賜物に恵まれた複数の者たちの結合に力点が置かれている。しかも、既存の組織との断絶やその暴力的な変更というニュアンスはここには乏しい。同様のことはウェーバーの初期の用例においても確認することができる。『プロテスタンティズムの倫理と資本主義の精神』では、「敬虔派のツィンツェンドルフ〔Zinzendorf, 1700-60〕一派は仕事に忠実で berufstreu 利得を求めない労働者を、使徒の模範に倣って生きるもの、したがってキリストの弟子たるにふさわしいカリスマをもつ人びとだとして賛美した」と書かれている（Weber 2016: 480 = 1989: 359）。この場合でも、カリスマは複数であり、伝統を破壊するという特徴は付与されていない。

しかしそれでも、晩期のウェーバーのテクストにおいて、一人のカリスマ的な人物とその人に従う一群の人びとという構図が濃厚になっていくことは事実である。こうした構図が形成されたのには、ウェーバーがシュテファン・ゲオルゲ（Stefan George, 1868-1933）と彼を中心にして形成されていた、いわゆる「ゲオルゲ・サークル」を強く意識しながら、カリスマ概念を用いるようになったという事情がある（Karlauf 2007）。[10] ウェーバーが「カリスマ」を多用するようになるのは比較的遅く、一九一〇年あたりからである。こうした用法のもっとも早い時期の文章として、ゲオルク・イェリネクの娘ドーラ・イェリネクに宛てた一九一〇年六月九日付けの書簡がある。ここでウェーバーはドーラによるゲオルゲに関する原稿にコメントするかたちで、カリスマ概念を用いている（Weber1994: 560）。ただ、シュテファン・ゲオルゲをモデルとした議論においても、カリスマが既成の組織を壊すという意味合いはなく、むしろ人びとを引きつけ、結びつけ、共同体を形成する核としてカリスマが位置づけられる。

このように見てくると、官僚制と戦う一人のカリスマという構図は、ウェーバーの著作のなかのもっとも重要な用法の一つではあるが、彼のカリスマについての議論はそれに尽きるわけではないことがわかる。(11) むしろサッチャー以後の政治的言説のなかで、この用法が際立って見えてきたと考えたほうが正しい。現代のカリスマ論で見失われているのは、「賜物」Gabeとしてのカリスマを与えられた人が一人ではなく、何人も存在し、そうした複数の人たちが、一対多ではなく、互いに補い合うようなかたちで統治がなされる可能性があり、もともとのエクレシアにはこうした含意があった、ということである。もっとも、初期キリスト教におけるエクレシアでは、神から賜物を受けた者たちのあいだで、価値に関するどうにもならない深刻な争いが生じるとは考えられていなかった。彼らのあいだにはむしろ同質性や相補性が想定されていた。これに対してウェーバーにおいては、こうした同質性や相補性への信頼は存在しない。あるいはそうした前提が崩れたところで、彼は思考している。ウェーバーはヨーロッパ中世のキリスト教世界に「政治的カリスマと呪術的カリスマの対立」と妥協による秩序を見ている（Weber 2005b: 609-610＝1962: (II)-566-568）。そしてこうした対立の媒介がますます難しくなるというのが、彼の時代診断だった。このためその政治社会のなかで共同的な意思決定をする困難さが高まるなかで、あえて「一人」の決定主体を立てる方向に議論を展開したと考えられる。第一次世界大戦による政治体制の崩壊に際して、ウェーバーは強いカリスマ的な政治指導者に期待を寄せ、戦後の新秩序構想として「人民投票的指導者デモクラシー」を提案した。これは権威主義と親和的なカリスマ概念を「反権威主義的に解釈替え」したものであった。

思想家が遺したもので一番重要なのは一番最後に書いたものであるという理解はけっしておかしなものではない。そのような「結論」に至った思考をたんねんに、そして正確にたどるという作業は、いうまでもなくとても大切なことだろう。しかし同時に、偶然的な時代状況のなかで、残念な

(10)『三種の神器』の著書クルト・ジンガーもこのサークルに属していた（Noguchi 2006）（佐々木 2000: 123-132）。

(11) なおウェーバーの『支配の社会学』には、「特定の社会制度そのものが特殊な恩寵を受けている」「官職カリスマ」Amtscharisma のような表現も出てくる（Weber 2005b: 527 = 1962: (II)-479)。非日常なものの痕跡があるかぎりにおいて、このような拡大的な用語の使用は不可能ではない。しかし、カリスマ概念の拡散にはこの用語の意味をさらに不明確にしてしまうという恐れがある。ただ同時に、いかなる理性的な（と見える）ものにも、それを選びとる際の決定の非合理性があり、したがって論争の余地と変更の可能性があるということを忘れるべきではないという、ウェーバーの認識のほうにより注目しておくべきかもしれない。たとえば彼は人権に関連して「理性のカリスマ的な神聖化」という表現を用いているが（Weber 2005b: 679 = 1962: (II)-655)、ここにはそうした含意がある。

がら見失われた理論展開の可能性というものがないと断言することもできない。「官僚制 vs. カリスマ」という構図があまりに通説化している状況ではむしろ、その「結論」の直前まで保持されていたが、最後のところで薄れていった可能性に目を向けることも必要ではないか。それは、英雄的な一人のカリスマが前景に出てくることで見えなくなった、複数のカリスマたちの、複数のカリスマたちによる共和国である。

ヴォルフガング・モムゼンの批判的な解釈がそうしているように、ウェーバーにとって「議会」は一人の卓越した政治リーダーを選別するための機能的な装置であるといわれてきた。たとえば、次のような記述がある。

> 議会における闘争はすべて、言うまでもなく、実質的な対立をめぐる闘争であるばかりか、個人的権力を求める闘争でもある。〔…〕その国のなかに政党が存在するということ、それと結びついて無数の理念的な、また部分的にはすこぶる物質的なあらゆる利害関係が存在すること、これが否応なく要求するものは、指導者としての特性を備えた人物が頂点に到達することだからである。この場合には――そしてこの場合にのみ――、政治的気質と政治的天分をもつ人びとにとって、この闘争の場の選別 Auslese を受けたいという刺激が存在することになる（Weber 1984: 474 = 1982: (2) 372）。

一人の強いカリスマを生み出すことが議会の最重要の目的だといわれれば、この一文はそのように読めるし、実際そのように読まれてきた。そしてウェーバーの選別の議論の延長線上に、政治家を起業家になぞらえるヨーゼフ・シュンペーター（Josepf Alois Schumpeter 1883-1950）のマーケット・モデルの説明を位置づけるという解釈もよくなされてきた。[12] しかし、指導者選別の議論の一つ下の地層に、複数のカリスマからなる共和国という議論の筋があったとすれば、右の一節の読み方も変わってくるかもしれない。政治的カリスマが対峙するにたる複数の対抗者との相互関係のなかで出てくるとすれば、対等で、互角のカリスマたちが同時に存在しているということがその論理的な前提となる。たしかにウェーバーはカリスマ的な支配が成り立つためには人びとの歓呼賛同 Akklamation が必要であると述べている。[13] しかしその賛同がプロパガンダによる同一性の強制という意味での「動員」と異なるとすれば、それらを分けるメルクマールは、そこに至るまでに他のカリスマたちとの抗争的な相互関係のプロセスがどれくらいあったかということになるはずである。こうした解釈は、性急に一人のカリスマの登場を期待する理解とは異なる。少なくとも、議会は一人のカリ

(12) ウェーバーとシュンペーターの二人については、政治理論における「近さ」が指摘されることが多い（岡田 2000: 117-122）。しかし、彼らが直接、ウィーンのカフェでロシア革命について議論したときには、あまりよい対話にはならなかった（Girler 2012）。
(13) ウェーバーにおける「アクラマチオーン」については、選挙制度について論じた論文であるが、（野口 2018b）を参照。

スマを生み出すための手段的な装置に切り詰められるわけではない。

5　政治の忌避とカリスマの変容

ウェーバーの理論的な著作におけるカリスマの用法には一定の幅があり、それは一人の強いリーダーシップの議論に還元されるわけではない。しかしそれでも、彼のカリスマ論のもっとも有力なタイプがサッチャー以後の政治的議論の構図に適合していることは否定できない。

しかし、ウェーバーのいうカリスマを一人で、官僚制的な組織に対抗するという意味に限定してさえ、それと今日の新自由主義的な政治リーダーのあいだには差異もある。ウェーバーは官僚制的な組織の拡大に危惧をいだき、こうした傾向における脱政治化に対抗し、政治のダイナミズムを確保するためにカリスマを政治理論に持ち込んだ。このときカリスマに期待されているのは、伝統的支配のなかで声をあげられないなにかに光を当てることであり、合法性の前で沈黙させられている多元的価値を政治的議論の場に引き出すことだった。ウェーバーはカリスマの例として「偉大なデマゴーグ」を挙げているが、このとき彼はデマゴーグを必ずしも悪い意味で用いてはいない。自由な「デマゴーグ」は「西洋においてのみ、とりわけ地中海文化に固有の都市国家の土壌」で出てきたと述べ、その延長線上に「同じく西洋でのみ根を下ろした立憲国家という土壌の上で育った」「政党リーダー」を位置づけている（Weber 1992: 162＝2018: 98）。このときのデマゴーグは強い権威主義的な支配者のことを指すのではなく、政治的な論争性を持ち込む存在のことである。

これに対してサッチャー以後の政治リーダーたちの多くがしていることは、官僚制を批判し、（より）小さな政府を求めることで政治の役割を小さくし、実質的な諸価値の対立から逃れることである。ゴタゴタに巻き込まれたり、さまざまな党派的な批判を受けたりしないためには、そうした課題から撤退することが合理的な選択となる。ウェーバーのカリスマは形式合理性の論理と対決することで重たい「決定の負荷」を背負い込むが、官僚制を批判する今日の政治家はむしろそうした負荷を回避しようとし、しかもある程度、それに成功している。ウェーバーの場合、官僚制批判は官僚制的な組織のロジックによって押さえ込まれてきた価値の諸対立を顕在化する。これに対して現代の新自由主義の場合、民営化、規制緩和、政府の介入のミニマム化が進むほど、価値の争いは政治の外に追い出されることになる。ウェーバーのカリスマが官僚制化に対する政治の復権を含意していたとすれば、新自由主義的政治リーダーは官僚制を批判し、それを縮減するとともに、多元的な価値のなかで「決定」するという意味での政治の余地も削っている。

今日、グローバル化のなかで、一国レベルでの政治決定の余地はしだいに小さくなる傾向にある。しかしそれにもかかわらず、カリスマ的とされる政治リーダーが注目されるようになっているとすれば、政策の微細な違いよりも、政治家のキャラクターやパーソナルな次元をめぐって投票行動がなされる傾向にあるせいかもしれない[14]。自民党の一党優位体制が長く続き、大事な決定が「水面下」で行われていたときに比べ、政治リーダーの言動がパブリックな場にさらされるということはいいことであろう。しかし、そうした政治のパーソナル化が諸価値をめぐる対立や調整をかえって見えなくさせ、大事なテーマが政治問題化することをはばんでいるとすれば、そうした政治リーダーのありようはウェーバー的な意味でのカリスマとはかけ離れている。

ウェーバーの用語法におけるカリスマは、その変革のあとで官僚制的な組織の日常化、ルーティン化にさらされ、そうした傾向との対抗関係を経験し、やがてそれに敗北するというペシミスティクな経過をたどることになる。「すべてのカリスマは、その生存の各瞬間において、また時がたてばたつほど強度に、熱狂的＝情緒的な、経済的無関心な生から、物質的関心の重圧のもとでの緩慢な窒息死に至る、この道程にある」とウェーバーは書いている（Weber 2005b: 488-489＝1962: (II)-423)。「緩慢な窒息死」に至らないためには、政治リーダーは戦っている姿勢をいつも示し続け、それによって大衆の支持を獲得し続けなければならない。結果がともなわないと、「本気や覚悟が足らない」という批判を受け、さらに派手なアクションが求められる。ここには、エンターテイメント的な興行の力学すら見いだしたくなる。こうなると「官」と戦うという課題は、争点ずらしの疑似テーマではないか、という疑いも出てくる。

人びとが既成政党による政治的なゴタゴタに辟易しており、なんでもいいのでちゃんと決めてくれることを求めているというのも、今日の政治的言説の形成と無関係ではない。ハーバーマスは近年のドイツ政治を記述するエッセイのなかで、移民の増加に危機感をもち、国民の主導的な文化Leitkulturを語ろうとする傾向とともに、大統領候補の特徴に言及している。政治的な争いに巻き込まれていない「カリスマ的な〔プロの〕政治家ではない人の魅力」attraction to charismatic nonpoliticians が人びとを引きつけるようになっている、と彼は指摘している（Habermas 2010）。諸官庁の対立や利害の争いから超然とした政治リーダーが好まれているとすれば、その人は既成の価値観に挑戦し、人びとの内面から変革していくことをその特徴とするウェーバーのカリスマとはかなり異なっている。

今日のカリスマをめぐる議論は、「官僚制 vs. カリスマ」という構図においてはマックス・ウェーバーのカリスマ論を忠実に継承している。しかし彼がカリスマに込めた政治的な論争性の擁護という視座はここではほぼ抜け落ちている。今日「カリスマ」と呼ばれるリーダーは、ウェーバー的な意味におけるカリスマとは異なっている。そう呼ばれる政治リーダーが支持されればされるほど、価値をめぐる大事な争いが政治課題にならなくなってはいないか。外からは同じように見える振舞いも、それを支える精神、あるいは「エートス」の次元では正反対でもありえるというのが、ウェーバーの社会学的な洞察の一つであった。このことは「カリスマ」にこそ、もっともよく当てはまる。

（14）イタリアの政治学者マウロ・カリーゼは「パーソナル・パーティ」partito personale.; personal party という表現を用いている（Calise 2010 = 2012）。彼の著作は、今日的な文脈でのマックス・ウェーバー読解の一つの興味深い試みでもある。

III　合理性とアイヒマン

第五章　合理性と悪

合理主義は、一つの歴史的概念であり、そのなかに諸々の矛盾からなる一つの世界を内包している（Weber 2016: 208 = 1989: 94）。

思考は〔…〕一度学びさえすればあとは適用するだけでよい無矛盾性や内的整合性の論理規則に従って演繹、帰納し、結論を導出するような精神の過程と種類を異にする（Arendt 1961: 14 = 1994: 15-16）。

官僚制は「合理的」な組織であると述べ、その点を強調したのは、マックス・ウェーバー（Max Weber, 1864-1920）だった。今日では、官僚制的な組織の非効率、無駄、杓子定規、あるいは「既得権」などに対するバッシングのほうが目立つので、この姿勢はいくぶん特異にすら見えるかもしれない。しかし第一章で文書主義に関連して確認したように、パーソナルな恣意性を排して「合理性」を確保することは、官僚制的な組織にとって本質的な事柄である、というのが彼の基本的な認識だった。ただもちろんそうしたウェーバーでも、一定の「合理性」を確認しつつも、官僚制を手放しで礼賛したわけではない。

官僚制が「全体主義」的な支配に結びつくことに注目したのは、ハンナ・アーレント（Harnnah Arendt, 1906-1975）だった。彼女は『全体主義の起原』で植民地官僚を取り上げ、また『エルサレムのアイヒマン』で、一人のナチス官僚の悪を考察した有名なレポートを書いた。

今日、官僚制をめぐってさまざまな問題が噴出している。官僚制的な組織の「合理性」には、いかなる「悪」が孕まれているのか。あるいはその「悪」はどのように論じたらよいのか。この章では、合理化、合理性の理論家として知られるウェーバーと、全体主義の理論家としてのアーレントを突き合わせつつ、「合理性と悪」について考えてみたい。

1　悪としての非合理性――「戦後啓蒙」

合理性も悪も一義的に定義することが難しく、それらのつながりを問うという作業も当然、一筋縄ではいかない。ここではまず日本の戦後直後の、いわゆる「戦後啓蒙」の議論を取り上げ、そこにおける合理性と悪の理解、ならびにその問題点を確認することから始めたい。

戦後日本の社会科学は、誰の目にも明らかな「悪」を生み出した、戦時体制の「非合理性」を克服し、「戦後」の思想的地平を拓くことを目的として出発した。大塚久雄が一九四六年一二月に雑誌『世界』に発表した「魔術からの解放――近代的人間類型の創造」は、こうした戦後日本の社会科学の代表的な作品である。

大塚はここでウェーバーの「魔術からの解放」Entzauberung という言葉に注目する。そして「「魔術からの解放」は、ただ無知が啓発され蒙昧が啓蒙されるといった単なる知性の領域のことがら――もとよりそれがさほど重要ではないなどというのではない――にとどまらず、内面的にも、マーギッシュな「力」に対する血みどろな抵抗と戦闘と勝利を意味している〔…〕。より高い合理的な倫理的な「力」による非合理的な魔「力」の圧服を意味している」と述べる（大塚 1969: 224-225）。

日本の戦争犯罪という明白な悪が、日本政治の非合理性や盲目性に由来するという「戦後啓蒙」の議論は、人びとが戦時中に経験しなければならなかった具体的な情景に裏打ちされていた。たとえば飯塚浩二の『日本の軍隊』には、次のようなやり取りが収録されている。

小林　〔…〕なんといいますか、日本の軍隊では、そういう非常に不合理な命令が出るわけです。そのとおりやったら、兵隊はめちゃくちゃになっちゃう。

飯塚　不合理な命令に不合理さを説明してプロテストすることは、あなた達の立場でも全く望み得なかったことなのですか。

小林　プロテストするわけですが、プロテストすれば、上官の命令は陛下の命令だということになる。あいつは、なんでも反抗するというので、プロテストした人の点数はてんで落ちるわけで、私の友人はそのためにビルマに飛ばされました（飯塚 2003: 54-55）。

国体イデオロギーが合理的な議論を踏みにじって進んでいくという経験が、「魔術からの解放」の要求に結びついていく。こうした論理展開はそれ自体きわめて説得的であるし、よく理解できる。(1)しかし非合理性と悪を一対一で対応させる議論枠組みには問題がないわけではない。非合理性が悪であるのみならず、合理性にも、あるいはそこにおいてこそ悪の契機が孕まれているのではないか。J・J・ルソー以来の多くの近代批判は、まさにこの点を問題にしてきた。ホルクハイマーとアドルノの『啓蒙の弁証法』は、こうした方向において「合理性と悪」を扱った代表的な著作である。彼らは次のように書いている。

文明化をおし進めるあらゆる合理性の核心たる、この自然の否定こそ、増殖する神話的非合理性の細胞をなしているものであって、つまり、人間の内なる自然を否定することによって、外なる自然を支配するという目的ばかりか、自らの生の目的すら混乱して見通せなくなってしまう (Horkheimer/Adorno 1969: 72-73 = 1990: 118)。

ホルクハイマーとアドルノにとって合理性とは、目的の位相を捨象し、手段の適合性に自己限定する「道具的理性」を意味した。彼らは、アウシュヴィッツの問題を正面から受け止めながら、道具的理性の展開が、「一種の新しい野蛮状態」に転化する、その論理をギリギリまで突きつめようとした。非合理性が悪を生むのではなく、合理性こそが悪を生み出すという連関は、まったく違うアプローチからではあるが、フーコーによっても指摘されることになる。彼もまた「〔ファシズムとスターリニズムは〕その内的狂気にもかかわらず、われわれのもつ政治的合理性の観念や方策を、最大限に利用したのであった。〔…〕合理化と政治権力過剰との関連は、明白である。官僚制や強制収容所を待たずとも、この関係の存在はわかる」と書いている（Foucault 1983: 209-210＝2001: 12-13）。

このような議論を知る者にとっては、日本のいわゆる「戦後啓蒙」の議論は楽観的にすぎるということになるであろう。しかしもちろんハーバーマスも指摘しているように、『啓蒙の弁証法』の議論は、啓蒙、ないし合理性全般に疑問符を付してしまうことで、袋小路に陥ってしまう。それに、たとえ合理性に悪の契機が孕まれているとしても、合理性を根拠としてある種の悪を明るみに出すという可能性があることは否定できないし、また否定すべきでもない。このため、フランクフルト学派の議論を参照することで大塚の議論を全否定してよいわけではない。しかしそれでも、非合理

（1）統治エリートがある種の神話や迷信をバカにしつつも、それを民衆支配のために利用すると、そうした神話や迷信は存続し続けることになる。ウェーバーの『儒教と道教』を参照しつつ、丸山眞男も次のように述べている。「これら〔前近代性のマイナス面〕はいずれも日本帝国主義の支配層がナショナリズムの合理化を怠り、むしろその非合理的起源の利用に熱中していたことによってやがて支払わねばならぬ代償であった。彼らは国家総動員の段階に至って初めてその法外の高価に気づいたが時はすでに遅かった」（丸山 1995: (5)-70）。

性と悪を一対一で対応させる議論には慎重でなければならない。

2 「悪の陳腐さ」――ハンナ・アーレント

(1) アイヒマン裁判

こうした合理性と悪の微妙な関係を解きほぐしていくうえで、ハンナ・アーレントの『エルサレムのアイヒマン』での議論が参考になる。アーレントは *The New Yorker* 誌のリポーターとして、ナチス時代にユダヤ人の強制収容所への移送において重要な役割を果たしたアドルフ・アイヒマンの戦争犯罪を裁く裁判を傍聴した。ホロコーストという人類史上最大の悪に手を染めたこのアイヒマンについて、アーレントは次のように書いている。

アイヒマンはイヤゴーでもマクベスでもなかった。しかも〈悪人になってみせよう〉というリチャード三世の決心ほど彼に無縁なものはなかったろう。自分の昇進にはおそろしく熱心だったということのほかに彼には何らの動機もなかったのだ。そうしてこの熱心さはそれ自体としては決して犯罪的なものではなかった。もちろん、彼は自分がその後釜になるために上役を暗殺することなどは決してなかったろう。俗な表現をするなら、彼は自分のしていることがどういうことか全然わかっていなかった。まさにこの想像力の欠如 lack of imagination のために、彼は数カ月にわたって警察で尋問に当たるドイツ系ユダヤ人と向き合って坐り、自分の心の丈を打ち明け、自分がＳＳ中佐の階級までしか昇進しなかった理由や出世しなかったのは自分のせいではないということをくり返しくり返し説明することができたのである。〔…〕彼は愚かstupidではなかった。まったく思考していないことthoughtlessness——これは愚かさとは決して同じではない——、それが彼があの時代の最大の犯罪者の一人になる素因だったのだ。このことが〈陳腐〉banalであり、それのみか滑稽であるとしても、またいかに努力してみてもアイヒマンから悪魔的なまたは鬼神に憑かれたようなdiabolical and demonic底の知れなさを引き出すことは不可能だとしても、やはりこれは決してありふれたことではない。〔…〕このような現実離れや思考していないことは、人間のうちに恐らくは潜んでいる悪の本能のすべてを挙げてかかったよりも猛威を逞しくすることがあるということ——これが事実エルサレムにおいて学び得た教訓であった（Arendt 1976a: 287-288 = 2017: 395-396）[2]。

ここでアーレントは、アイヒマンは「愚かではない」という。たしかにアイヒマンは有能な技術者として、数百万人のユダヤ人の移送をすみやかに、かつ効率的にやってのけた。合理性という語

（2）晩年の研究『精神の生活』（Arendt 1978: 3-4 = 1994: 上 5-7）も参照。ただし、このようなアイヒマン理解には疑問も出されている。近年のアイヒマン研究の動向については、本書第七章を参照。

の意味が「与えられた目的をもっとも低いコストで実現する」であるとするなら、アイヒマンは合理的であり、しかもとびきり合理的ということになる。

(2)「無思想性」

アーレントは「無思想性」thoughtlessnessという概念を使って、合理性と悪の連関に迫ろうとする。[3]日本の「戦後啓蒙」の議論が非合理性を問題にしたとすれば、アーレントは「愚かさ」とは区別された「無思想性」に悪を見る。

アーレントが「無思想性」によって指し示そうとするのは、アイヒマンにおいて彼なりの合理性以外のパースペクティヴが欠如しているということである。彼女は次のように述べている。

彼〔アイヒマン〕の語るのを聞いていればいるほど、この話す能力の不足が思考する能力——つまり誰か他の人の立場に立って考える能力——の不足と密接に結びついていることがますます明白になってくる。アイヒマンとはコミュニケーションが不可能だった。それは彼が嘘をつくからではない。言葉と他人の存在に対する、したがって現実そのものに対する最も確実な防壁〔すなわち想像力Vorstellungskraftの完全な欠如という防壁(独)〕で取り囲まれていたからである(Arendt 1976a: 49 = 2017: 69)。

アイヒマンは仕事の効率性、計算可能性、あるいはそれと対応すべきと彼が考える組織内における出世についてはきわめて合理的、つまり意識的で首尾一貫しているが、そうした合理性の度合いが高まれば高まるほど、それ以外のパースペクティヴは捨象されていく。[4] アーレントが「無思想性」という概念によって問題にするのは、まさにこうした単一遠近法性 Monoperspektivität だった。そしてこうした単一遠近法性と批判的に対決するために、彼女は「人間の条件」として「複数性」を

（3）ハンナ・アーレントは三〇歳を過ぎてから、亡命により、必要に迫られて英語を学んだ。こうした事情もあり、“thoughtlessness”という語が、英語として妥当なのかについては、議論の余地がないわけではない。メアリー・マッカーシーは一九七一年六月九日付けの書簡において、次のような指摘をしている。「この論文の用語についても一つだけ異議があります。“Thoughtlessness”です。それは英語ではあなたが表わしたいと思っている意味にはならないのです、もう今では。〔…〕私には論文のキーワードとなる語に標準的でない意味を強引にもたせるのは間違いのように思えるのです。〔…〕読者が理解できずに、それを無思慮、不注意、怠慢などと受け取るケースもあることを考えればなおさらです」(Arendt 1995: 296 = 1999: 523-524)。

（4）ニクラス・ルーマンは合理性を「複雑性の縮減」Reduktion von Komplexität と定義している。アイヒマンにおける合理性のあり方に一定の説明を与えるものとして、ルーマンのこの定義を引き合いに出すことができる。ただしもちろんアイヒマンにおいてはその「縮減」の契機が忘却され、彼の合理性が自明視され、したがってその暴力性が隠蔽されているのに対して、ルーマンがこの合理性の定義において強調しようとしたのは、むしろ「別様でもありうる」という可能性のほうである。「意味によって媒介される縮減の様式はたしかに選択を行い、他の可能性を排除するが、しかし同時に排除された可能性は可能性として存続せしめられる」(Luhmann 1973: 176 = 1990: 123)。

擁護する。(5)

以上のような「無思想性」の理解は、彼女がアイヒマンをシェイクスピアの悲劇の登場人物（イヤゴー、マクベス、リチャード三世）と対比していることからも明らかであろう。たしかにリチャード三世は悪人である。彼は「良心などという言葉は、憶病者の使うものだ、もともと強者を嚇《おど》すためにこしらえた言葉だからな」と公言して憚《はばか》らない（シェイクスピア 1974: 204）。しかし彼は同時に、次のように自問自答する人間でもある。


何を恐れるのだ？　この俺を？　ほかには誰もいはしない。

リチャードはリチャードの身方、そうさ、俺は俺だ。

人殺しでも来たというのか？　来るものか――そうだ、人殺しは俺だ、
こわければ逃げろ。ふむ、自分から逃げるのか？　なぜそうしなければ――

俺の復讐がこわいから。俺が俺に復讐する？

そうはゆかぬ、俺は自分がかわいい。何かいいことでもしてくれたから？

おお、それどころか！　俺は、自分で自分を憎んでいるくらいだ、
憎むべき罪の数々を犯した俺自身を！

悪党だ、俺は。しかもそしらぬ顔をしている。

大馬鹿者め、自分のことをあしざまに罵るやつがあるか。いいや、よせ、自分の機嫌をとるのは。

良心のやつ、百千の舌を持っているのだな。
その一つ一つが勝手なことをぬかしおる（シェイクスピア 1974: 198-199）[6]。

アイヒマンとは異なり、リチャード王の内面では、さまざまなパースペクティヴが共存し、重層化し、ジレンマを引きおこし、そしてそうであるから「悲劇」をつむぎだしていく。シェイクスピアの登場人物と彼らによって展開される物語は、こうした視点の複数性とその折り重なりによって、「深さ」と「奥行き」をもつ。これに対してアイヒマンにはこのような契機はない。

（5）アーレントは「複数性という人間の条件、すなわち地上に生き世界に住まうのが、単数の人ではなく複数の人びとであるという事実。たしかにこの複数性こそすべての政治の生の条件であり、その必須の条件であるばかりか最高の条件である」と述べる（Arendt 1958: 7 = 1994: 20）。複数性を条件として「人と人との〈間〉」における「現われの空間」が成り立つ（齋藤 2005）。ただし、ウェーバーとアーレントを連続的に解釈する本章では、パースペクティヴの複数性に力点を置く。もちろん「現われの空間」と多遠近法性 Polyperspektivität は相互に条件づけあう関係であり、基本的には矛盾しない。しかし、極端なケースを考えれば、齟齬が出てくる。パースペクティヴの多元性はあるが、「現われの空間」が損なわれ、すれ違いやクラッシュ、あるいは分断やヘイトが支配することはしばしばある。

（6）アーレントは『精神の生活』「思考」において、「一者のなかの二者」を論じるなかで、この箇所を引用している（Arendt 1978: 189 = 1994: 上 219-220）。

私はこの犯罪者の行ないがあまりに浅薄 shallowness であることにショックを受けた。ここでは彼の行為の争う余地のない悪を、より深いレヴェルの根源ないしは動機にさかのぼってたどることができないのだ（Arendt 1978:4 = 1994: 上6）。

アーレントは『精神の生活』第一部「思考」において再びアイヒマンに言及して、このように述べている。アイヒマンという人間が「平板」で「浅薄」であるのは、まさにパースペクティヴの複数性、重層性が欠如していることによる[7]。そしてこうした単一遠近法的合理性が、技術的な進歩とも結びつきつつ、なし崩し的に悪を巨大なものにしていく。

アーレントはショーレムへの書簡で次のように書いている。

いまのわたしの意見では、悪はけっして「根源的」radical ではなく、ただ極端 extreme なのです。つまり、それは深遠さもデモーニッシュな次元も持っていないのです。それは菌のように表面にはびこりわたるからこそ、全世界を廃虚にしうるのです。それは「思考を受けつけない」thought-defying のです。というのも、思考はある程度の深さまで到達しよう、根源にまで遡ろうと試みるからです。そして、それが悪とかかわる瞬間、思考は挫折します。なぜなら、そこには何もないからです。その意味で、悪は思考を不可能にするのです。それが悪の「陳腐さ」です（Arendt 1964: 56 = 1997: 77）。

アーレントは『エルサレムのアイヒマン』のサブタイトルを「悪の陳腐さについての報告」A Report on the Banality of Evil とした。彼女が問題にしたのは、その平板さであった。それによって、ジレンマも、悩みも、奥行きもない、そうした合理性に自己同一化した人物によって成し遂げられた途方もない悪を言い当てようとした。またこうした悪に対置される、アーレントの「思考」は、このような一枚岩的な平板さに挑むものとなる。『精神の生活』で彼女は次のように書いている。「思考は価値を生みだすこともない。「善」が何であるかを見きわめつくすこともない。世に受け入れられている行動規則を補強するというよりは、むしろ解体させる」(Arendt 1978: 192 = 1994: 上 223)。アーレントにおいて、「無思想性」は単一の合理性に閉じこもることであり、「思考」はそれを解体する。

本書、第二章、第三章で、「決められない政治」について論じた。「決められない」という事態においては、アーレントのような解体する「思考」は危険に見えるかもしれない。しかし、彼女が問題にしたのは、そうした「決められない」ワイマール憲法体制への「反動」から生まれた、「決め

(7) ウェーバーは「日常をまんぜんと生きている人は、一部は心理的な、一部はプラグマティックな理由でひき起こされる敵対的価値の混同を意識しないし、意識しようともしない」と述べ、この事態を「「日常」を浅薄にするもの」das Verflachende des »Alltags« と呼んでいる (Weber 2018: 470 = 1972: 59)。ここで「浅薄」という表現は、「価値の葛藤」を見過ごすという意味で用いられている。

すぎ」る、「閉じ」た体制だった。

3　悪としての「閉じること」——マックス・ウェーバーの合理性論

(1)「精神のない専門人、心情のない享楽人」

アーレントは『人間の条件』の「プロローグ」において、次のように述べている。

これから私がやろうとしているのは、私たちの最も新しい経験と最も現代的な不安を背景として、人間の条件を再検討することである。これは明らかに思考が引き受ける仕事である。ところが思考欠如 thoughtlessness——思慮の足りない不注意、絶望的な混乱、陳腐で空虚になった「諸真理」の自己満足的な繰り返し——こそ、私たちの時代の明白な特徴の一つのように思われる (Arendt 1958: 5 = 1994: 15-16)。

近代における「人間の条件」についてのアーレントの視座は、「無思想性」という点において、アイヒマンに対する彼女の視座とピタリと一致している。彼女は近代と全体主義を対立させ、近代からの逸脱として全体主義を理解するのではなく、むしろ近代性とアイヒマンが通底していると考える。

近代をとらえようとするとき、彼女が依拠するのは、ウェーバー、とりわけ彼の『プロテスタンティズムの倫理と資本主義の精神』であった。もちろんアーレントがウェーバーに対してきわめて批判的であるのは、よく知られている。彼女は「マックス・ウェーバーの印象深い愛国心」にかなりの違和感をもっており（Arendt 1985: 22 = 2004: (1)-18）、また彼女の権力観はウェーバーのそれを全面的に否定する（Arendt 1972: 103-198 = 2000: 97-194）。もしアーレントの師が、ウェーバーの信奉者であるヤスパースでなかったら、その批判はさらに厳しいものになっていたであろう。ところがアーレントは、ウェーバーを指して「近代の問題をその重要性にふさわしい深さと妥当性をもって提出した唯一の歴史家」であると書く（Arendt 1958: 277 = 1994: 511）[8]。

周知のように、アーレントは近代をヒエラルキーの転倒としてとらえる。「近代は、活動と観照の伝統的順位ばかりか、活動的生活内部の伝統的ヒエラルキーさえ転倒させ、あらゆる価値の源泉

（8）アーレントは『人間の条件』の草稿を準備していた時期に、ヤスパースに宛てた書簡（一九五六年二月一七日付け）で次のように書いている。「いまゲーテ書簡をたくさん読んでいます。ここ数週間かはマックス・ウェーバーをたっぷりと。ご報告したかったのは、大きな喜びをもって読んだということです！　『古代農業事情』はみごとな力作ですし、『プロテスタンティズムの倫理と資本主義の精神』は信じられないほどの天才性をしめしていますね。この本をもちろん知ってはいましたが、彼がすべてをどのように見ていたか、はじめて全体的に掴むことができました。その後のだれのどんな著作にも、この水準に近いものすら見当たりません」（Arendt 1985: 319 = 2004: (2)-62）。

として労働を賛美し、かつては理性的動物が占めていた地位に労働する動物を引き上げたのである」(Arendt 1958: 85 = 1994: 139)。こうした議論はマックス・ウェーバーの禁欲的プロテスタンティズムに関する研究に照応している。ウェーバーはプロテスタンティズムにおける労働の意味変容に着目することで、一つの近代理解の範型を示す。そこにおいて現世の営利活動(労働)と救済の間の伝統的なジレンマが除去され、労働が宗教的な価値の名のもとに聖化される、という道筋を、彼は確認する。前近代的な社会のもろもろの慣習は、「合理性」の光のもとで照らし出され、かつその光のもとでラディカルに改造されることになる。

ウェーバーはこうした変革のポジティヴな意味について確認しつつも、同時に次のように述べる。

禁欲者が現世の内において行為しようとするならば、つまり現世内禁欲の場合であるが、彼は現世の「意味」を問ういかなる問いに対しても一種の幸福な頑迷さをもって対処し、およそそのような問いには無頓着でなければならない。現世内禁欲が、すべての人間的基準から離れた、カルヴィニズムの神の動機の絶対的な究めがたさということを基礎にしてこそ発展しえたというのは決して偶然ではない。現世内禁欲者はしたがって、まさに順当な「仕事人間」Berufsmensch になる。彼は世界全体――それに対する責任は、もちろん彼ではなく、彼の神が負うのである――における彼のザッハリッヒな職業遂行の意味を問うこともなければ、問う必要もない。なぜなら彼にとっては、現世における彼の個人的な合理的行為において、彼には究極的には究めがたい神の意志を遂行しているのだという意識だけあれば十分だからである（Weber 2001: 328 = 1976: 220）。

ウェーバーはここで「幸福な頑迷さ」という表現を用いている。伝統社会が孕むもろもろの錯綜した（と、近代化された世界から見れば、思われる）絡まり合いを断ち切り、現世を「合理化」していくためには、こうした「頑迷さ」、あるいは意志の強さは不可欠であろう。しかしこのことは同時に、一つの合理性に閉じこもり、いかなる懐疑や、別様でもありうるという可能性に目もくれないという、アイヒマンの悪とつながっているのではないか。

実際ウェーバーは、禁欲的プロテスタンティズムの「合理化」が前近代社会の閉鎖性を切り開くと同時に、そうした論理の貫徹の末に、経済的な合理性がその外部からのいかなる「ノイズ」によってもびくともしない「鉄の檻」へと閉じていくという展望を描き、そこに住む人間を、ニーチェを意識しながら、「末人」と呼ぶ(9)。

将来この〔近代資本主義という〕鉄の檻の中に住むものは誰なのか、そして、この巨大な発展が終わるとき、まったく新しい予言者たちが現れるのか、あるいはかつての思想や理想の力強い復活が起るのか、それとも――そのどちらでもなくて――一種の異常な尊大さで粉飾された機械的な化石となるのか、まだ誰にも分からない。ただ後者の場合、こうした文化発展の最後に現れる「末人」letzte Menschen にとっては、次の言葉が真理となるのではなかろうか。「精神のない専門人、心情のない享楽人。この無のものは、人間性のかつて達したことのない段階にまですでに登りつめたつもりになっている」(Weber 2016: 488 = 1989: 366)。

アーレントがアイヒマンに見いだした「無思想性」と、ウェーバーが「精神のない専門人、心情のない享楽人」に見いだした「化石」は、ある一定の合理性にしたがって行為し、他のパースペクティヴに対して自らを「閉ざす」点において一致する。[10]

(2)「神々の闘争」と複数性

「戦後啓蒙」の大塚久雄とフランクフルト学派第一世代のアドルノ、ホルクハイマーは、ウェーバーが描き出す禁欲的プロテスタンティズムの合理性に関して正反対の評価をくだしている。しかしながら、彼らはウェーバーの合理性論のある重要なポイントを軽視している点において共通している。ウェーバーにおいて合理性概念が複数形で、多義的に用いられているというのが、そのポイントである。[11] 彼らがそこに「一義的な」合理化を見いだしたプロテスタンティズムについての研究において、ウェーバー自身は次のように述べている。

「非合理的」というのはそのもの自体として言われているのではない。むしろつねに特定の「合理的」な諸観点からして言われているのである。無信仰者からすれば一切の宗教的生活態度は「非合理的」であり、快楽主義者からすれば、一切の禁欲的生活態度は「非合理的」であるが、それらもそれ自身の究極の価値からすれば、一つの「合理化」でありうる。この論文が何か寄与する所があるとすれば、この一見一義的に eindeutig 見える「合理的」という概念が実は多

(9)ニーチェは次のように書いている。「おお、わたしの兄弟たちよ、きみたちは果たしてこの言葉を理解しただろうか? また、わたしがかつて「最後の人間」について言ったことを?――人間の未来全体にとって最大の危険は、どういう者たちのもとにあるのか? それは、善にして義なる者たちのもとにあるのではないか?」ここでニーチェが問題にするのは、ある合理性(善と正義)に閉じこもり、それを相対化するいかなる意欲もない「最後の人間」たちである。彼らには別様であるいかなる可能性も、それに対する想像力もなく、「何が善にして義であるかを、われわれはすでに知っており、さらにそれを体得している。このことで今なお探究する者たちに、わざわいあれ!」と言い放つ(Nietzsche 1999: 265-267 = 1993: 下 131-133)。

(10)丸山眞男の「タコツボ」というメタファーも、この文脈で論じることができるだろう(丸山 1961)。

(11)ハーバーマスは、ウェーバーのテキストに依拠するかたちで科学、道徳、芸術への分化を確認し、それによってフランクフルト学派第一世代の合理性理解を乗り越えつつ、さらにコミュニケーション的合理性の地平を切り拓いた(Habermas 1981 = 1985-1987)。ただ、ハーバーマスのコミュニケーション的合理性は、ウェーバーの「神々の闘争」的な価値の葛藤を骨抜きにしてしまうのではないか、またアーレント的な複数性をむしろ損なうことになるのではないか、という疑義もある。単一の理性に関しては、フーコーも警戒的であり、次のように述べている。「社会や文明の合理化をひとつの全体としてはとらえないで、いくつかの分野――狂気、病い、死、犯罪、性といった基礎的経験に関連する各分野――における合理化の過程を分析する方が賢明であろう。私が思うに、〝合理化〟という語は危険である」(Foucault 1983: 210 = 2001: 13)。

種多様な意義 Vielseitigkeit をもつものだということを明らかにしていることだろう（Weber 2016: 159 = 1989: 49-50）。

アーレントがアイヒマンに見いだしたように、ある特定の合理性に自閉し、それを楯にして立てこもり、その外部からの問いかけをすべてシャット・アウトすることに悪が宿るとするならば、こうした悪を問題にするためには、ある特定の合理性がある特定の限定された合理性にすぎないことを明るみにだし、それが実体化することを妨げうるような理論立てが必要である。「神々の闘争」というメタファーと結びつく、ウェーバーの複数の合理性論は、まさにこうした理論立てとして理解することができる。

講演「仕事としての学問」の有名な箇所で、彼は次のように書いている。

古来の多くの神々は、いまでは魔法が解け、そして人の姿をとらない諸力という形をとって、その墓から起き上がり、ぼくたちの生への支配権を求めて、再び相互に永遠の闘争を始めているのです。しかし、こうした日常を引き受け、立ち向かうこと、これは近代の人間にはとても難しくなっているし、若い世代には最も難しいことです（Weber 1992: 101 = 2018: 67-68）。

ハーバーマスはこれを近代の「ペシミスティックな時代診断」と呼んだ。しかしある限定された合理性に閉じることに悪が見いだせるとするならば、諸価値が争い合うという「神々の闘争」は、こうした意味での悪を、神々（諸合理性）の相互批判のなかで浮かび上がらせる意味をもつことがわかる。つまり、「神々の闘争」が終わるところで化石化が始まり、化石化は「神々の闘争」によってこじ開けられる。ウェーバーの複数の合理性論は、「神々の闘争」という「規範」のうえに成り立っている。[12]

単一の合理性に還元されえない複数性と抗争性への積極的な視座という点で、ウェーバーとアーレントは近接する。アーレントは「公的領域のリアリティは〔…〕無数のパースペクティヴと側面が同時に存在する場合に確証される。なぜなら、このような無数のパースペクティヴと側面の中にこそ、共通世界がおのずとその姿を現わすからである。しかも、このような無数のパースペクティヴと側面に対しては、共通の尺度や公分母をけっして考案することはできない」と述べ、「共通世界の終わりは、それがただ一つの側面のもとで見られ、たった一つのパースペクティヴにおいて現われるとき、やってくる」とする（Arendt 1958: 57-58 = 1994: 85-87）。

権力の理解の仕方など、しばしば対極として論じられてきたウェーバーとアーレントではあるが、

（12）ウェーバーにおける価値の葛藤は、なにがなんでも克服されるべき事態というわけでは必ずしもない。そこには抗争的な多元主義を読み取ることもできる（Noguchi 2005 = 2006）。抗争的な多元主義に関しては、バーリンとウェーバーを結びつけて考えることもできるだろう（森 2018: 53）。

「閉じる」という意味での悪に注目するならば、「鉄の檻」に対して複数の合理性論で対抗しようとするウェーバーと、全体主義に抗して複数性を突きつけるアーレントには、一定の親近性があることがわかる。[13] 官僚機構は当然のことながら、「合理性」を主張する。そしてそれは不可欠でもある。しかしこの「合理性」の論じ方はそれほど簡単ではない。彼らの議論を突き合わせながら、官僚制の論じ方の可能性を探る必要がある。[14]

（13）「安楽」の全体主義に対して、藤田省三は抗争性と「離脱」を強調した。こうした視角から読むとき、ウェーバーとアーレントはより接近する。アーレントと藤田のズレについては（野口 2018c）も参照。藤田のアーレント受容については、永井陽之助、阿部斉における受容とともに、（川崎 2010: 246-254）が考察している。

（14）「閉じない」という論点については、日本におけるウェーバー受容を論じた拙稿（野口 2006＝2011b: 6章）も参照。

第六章　フォン・トロッタの映画『ハンナ・アーレント』

――ドイツの文脈

マルガレーテ・フォン・トロッタ監督（Margarethe von Trotta, 1942-）の映画『ハンナ・アーレント』*Hannah Arendt. Ihr Denken veränderte die Welt* が二〇一三年一月にドイツで公開された。『全体主義の起原』や『人間の条件』などの著作で知られる、大戦中にアメリカに亡命したドイツ系ユダヤ人の女性政治思想家アーレント（1906-1975）の伝記映画だ。

マーラー（『君に捧げるアダージョ』）やラフマニノフ（『ある愛の調べ』）など作曲家を題材にした映画であれば、名曲が誕生する秘話や経過を描き、演奏シーンを入れることで映画としてかたちになる。また、フェルメール（『真珠の耳飾の少女』）やモジリアーニ（『真実の愛』）などの画家の伝記であれば、有名な作品それ自体に語らせることができる。これに比べて、思想家を映像化することは、素人ながらもとても難しそうに思える。この映画でもハイデガーが「考えるとは孤独な営みだ」

Denken ist ein einsames Geschäft と語るシーンがある。そうだとすれば、このような営みを目に見えるようにするためには一体どうしたらいいのだろうか。

こうした題材にともなう難しさがあるにもかかわらず、ドイツにおける映画『ハンナ・アーレント』の一般的な評判はすこぶるよい。主要新聞のほとんどがこの映画について記事を書き、テレビやラジオでもたくさんの特集が組まれた。またハンナ・アーレント役を演じたバーバラ・スコヴァは、四月のドイツ映画賞で主演女優賞を獲得している。本章では、この映画を手がかりにして「ドイツにおけるアーレント」について考えてみたい(1)。

1　一九六三年

二〇一三年六月、アメリカのオバマ大統領がベルリンのブランデンブルク門の前で演説をし、核兵器削減の方針を示した。二〇〇八年に大統領候補としてドイツを訪れたときには熱狂的な歓迎を受けたオバマであったが、今回は彼の置かれている難しい政治状況を反映して、歓迎一色というわけではなかった。とくに米国家安全保障局NSAの個人情報収集問題が直前に発覚したこともあり、反対デモも盛り上がりを見せた。

今回のオバマのベルリン訪問は、通常のVIP政治家のそれとはどうも雰囲気が違っていた。ちょうど五〇年前の六月、ベルリンを訪問し、歴史的な演説をしたケネディ大統領を、ドイツ人の誰もが思い起こしながら、オバマがなにを語るのかに注目していたからだ。もちろんこのことは、オバマも含めて、すべての関係者が意識していたはずだ。いずれにしてもG8サミットの帰りに立ち寄っただけにしては、事前からいささか過剰な期待がかけられることになり、「歴史的な演説が聞けると思ったのに案外、普通だった」という失望の声もあった。オバマのベルリン訪問の主役は彼ではなく、むしろケネディだったのかもしれない。

一九六三年六月、ケネディは壁のある都市に降り立った。キューバ危機に直面し、かろうじてこれを回避したのは、その前年の一〇月だった。ベルリンの壁はすでに二年前に建設されていた。出迎えた西ドイツの首相はその秋に辞任することになるコンラート・アデナウアー、ベルリン市長はその後首相になるヴィリー・ブラントだった。ケネディは一九三七年、二〇歳の学生のときに、ドイツに旅行に来たことがあったらしい。しかしナチス支配下の当時のドイツの雰囲気に強い反感をもったという。それにもかかわらず、彼は一九六三年のベルリンでのスピーチで、西ベルリンの自由を守る強い決意を語った。そしてあえてドイツ語の一節を入れ、「私はベルリン市民だ」Ich bin ein Berliner と述べた。この演説は、戦後ドイツ史のなかで必ず取り上げられるシーンとなり、ボン

(1) この章は、二〇一三年七月号から二〇一四年五月号まで月刊『みすず』に連載したエッセイ「ボン便り」の二回目の文章をもとにしている。ドイツのアイヒマン研究の状況について書かれた、本書の次の章(第七章)は、その翌月に掲載された。

にある「歴史博物館」Haus der Geschichte でも一画が割り当てられている。

同年一一月にケネディは暗殺され、彼のドラマは期せずして終わりを迎えた。しかしケネディとともに進んでいたもう一つのストーリーは終わらなかった。この年、政治思想家ハンナ・アーレントの『エルサレムのアイヒマン』の英語版が刊行された（ドイツ語版は一九六四年。日本語版は大久保和郎訳、みすず書房、一九六九年）。ドイツの親衛隊SS中佐で、ユダヤ人の殲滅（「最終解決」）を決定したヴァーンゼー会議にも出席し、ユダヤ人の強制収容所への移送を担当していたアドルフ・アイヒマンが、潜伏中のアルゼンチンでイスラエルの秘密情報機関 Mossad によって捕えられたのが、一九六〇年だった。『エルサレムのアイヒマン』は、アーレントが *The New Yorker* 誌の特派員としてアイヒマンの裁判を傍聴して書いたレポートだった。六三年の暮れには、このアイヒマン裁判からも刺激を受けるかたちで、ニュルンベルクで裁かれなかったナチ犯罪者に対してフランクフルト・アウシュヴィッツ裁判が始まった。この裁判の実現に尽力したヘッセンの検事総長フリッツ・バウアーは、イスラエルにアイヒマンの居場所を伝えた人物でもあった（Steinke 2013 = 2017）。ナチスの過去と向き合い、その犯罪を追及するドイツ人の徹底した取り組みはこの裁判から始まった。そしてアーレントの本もアイヒマンをめぐる論争の総括ではなく、むしろ今日まで続く議論の始まりになった。

2 フォン・トロッタ監督の眼差し

マルガレーテ・フォン・トロッタの映画『ハンナ・アーレント』は、あらためてこのアイヒマンに光を当てることになった。トロッタは「人」、とりわけ戦っている女性へのこだわりが強い監督だ。『鉛の時代』(一九八一年)では、カール・バルトの影響を受けた牧師の娘で、六〇年代末にテロリストになって獄死したグドルン・エンスリンとその姉に寄り添い、『ローザ・ルクセンブルク』(一九八六年)では、ポーランドに生まれ、ドイツで革命運動に身を投じ、リープクネヒトとともに虐殺されるローザ・ルクセンブルクを描いている。

政治思想史の研究でも、いろいろなアプローチがある。トクヴィルや丸山眞男などの「人」に注目するか、一八世紀フランスなどの「時代」に着目するか、あるいは正義論や熟議などの「テーマ」に定位するか。「人」を凝視すると時代や理論的な意義への注目が弱くなる。カール・ヤスパースに影響を受けながら、「求道者」としてマックス・ウェーバーを読もうとする傾向が日本にはあったが、それなどはこの典型だ(Schwentker 1988: 139-183 = 2013: 112-150)。「時代」を見ると個々の思想家の影が薄くなり、「私たち」とは違う時代の歴史的コンテクストを再構成しようとするので、今との接点が見えにくくなる。そして「テーマ」を理論的に追究しようとすると、個別・具体的な歴史的現実の扱いが図式的になりがちだ。それぞれ一長一短があるなかで、どのアプローチをとるか、あるいはそれらをどのようなバランスで配合するかは、やはりそれぞれの研究者の個性や選んだ研究対象の性質によって変わってくる。

　この映画でもトロッタは、政治思想家アーレントという「人」にフォーカスを当てている。しかも『鉛の時代』、『ローザ』に引き続き、バーバラ・スコヴァを主演に据えている。ただ、扱っているのは、アイヒマン裁判の数年間だけだ。そのことを耳にしたとき私は、なるほど二〇一三年は『エルサレムのアイヒマン』刊行から五〇年なので、それに合わせたのだと思った。こうした区切りの年にどれほどの意味があるかはわからない。しかし、二〇一三年はキルケゴール生誕二〇〇年、ワーグナー生誕二〇〇年、ヤーコプ・グリム没後一五〇年、ドイツ社会民主党結党一五〇年、ボンの画家アウグスト・マッケがライン表現主義 Rheinischer Expressionismus 展を開催して一〇〇年などにあたり、雑誌で特集が組まれたり、催し物が企画されたりした。

　しかし映画『アーレント』の場合、少なくとも当初はそういうスケジュールを意識した企画ではなかったようだ。この映画の構想は二〇〇二年の暮れに、プロデューサーのマルティン・ヴィーベルから「次はハンナ・アーレントでどうか」といわれたことに始まる。そこからフォン・トロッタはアーレントが住んでいたニューヨークの住居 Riverside Drive Nr. 370 に行ったり、アーレントの協力者だったロッテ・ケーラー（二〇一一年に死去）を訪問したり、アーレントの伝記を書き、ちょうど Why Arendt Matters（『なぜアーレントが重要なのか』）を執筆していたエリザベス・ヤング＝ブルーエル（二〇一一年に死去）の話を聞きに行ったりしながら（Young-Bruehl 2006＝2017）、かなり迷って一九六〇年から一九六四年の時期に絞る決断をしたという。映画公開に際してトロッタは精力的にインタビューを受けたが、そのなかで彼女はなんどもこのことを問われ、はじめは全生涯を撮ろうと思ったが、それだと「この女性の本質がつかめない」ことに気づいたからだと述べている。

この限定がよかったのかどうかについては、もちろん議論がありうる。たとえば、本フィルムでは短い回想シーンだけしか出てこないハイデガーとの関係に焦点を当てることも考えられるし、実際そういう助言を受けたこともあったらしい。しかしトロッタの選択はそうではなかった。「人」を撮るために六三年前後の「時代」が探し当てられた。[2]

3　ドイツの政治的地図におけるアーレント

ドイツにいると、思わぬところで「アーレント」に出くわすことがある。ドイツ鉄道の高速列車ＩＣＥにはHannah Arendt号というのがあるし、二七一一の石碑がならぶ、ベルリン中心部にある「虐殺された欧州ユダヤ人の追悼記念碑」に面する道はHannah Arendt Straßeだ。

（2）日本では一九六三年に、高坂正堯「現実主義者の平和論」が『中央公論』一月号に掲載され、坂本九の「見上げてごらん夜の星を」が流行し、城山三郎の『官僚たちの夏』で描かれた特定産業振興臨時措置法案が審議された。そしてもちろん翌年は東京オリンピックだった。この時期に関する考察として、「一九六四年の丸山眞男とヴェーバー研究」という文章を書いたことがある（野口 2016b）。

もっとも、一般の人がどれくらいアーレントのことを知っているのかということになると、かなり疑問なところがある。住所にしてもゲーテ通り、シラー通りはどの都市にもあるが、アーレント通りはそれほどあるわけではない。実際フォン・トロッタも、それなりにインテリな映画関係者に「アーレント」といっても話が通じず、当然のことながらスポンサーを探すのは難航をきわめた、と公開された「日記」に書いている（von Trotta 2013a: 95）。

もちろんさすがに人文・社会科学系の研究者のなかでは、アーレントの知名度は高い。しかし、その接し方には微妙なところがないわけではない。この映画のなかでも出てくるが、アイヒマン裁判が始まる時点でアーレントの名は主として『全体主義の起原』（一九五一年）の著者として知られていた。しかし左派の知識人の多くは、右のファシズムと左の共産主義を同じ枠組みで批判的に考察しようとする「全体主義」という概念には批判的だった。[3] そして実際、冷戦構造のなかでこの概念が反共イデオロギーとして機能してきたことも否定できない。ファシズムと全体主義をほとんど区別せずに議論できるところならいざしらず、「過去」と「東」に対してつねに敏感でなければならない（西）ドイツの言語空間では、概念の政治性がきわめて重い。

ヴィーベルのインタビューに答えて、フォン・トロッタ自身も次のように述べている。

私のヒロイン Heldin はアーレントではありませんでした。六〇年代、七〇年代の左派はそれどころか彼女を保守としてあっさり片付けていました。彼女の本『全体主義の起原』では、彼女は国民社会主義と共産主義を同じように全体主義として記述しています。私はこれを読みたいと思いませんでした。それまで私が読んでいた唯一の本が『エルサレムのアイヒマン』でした。今でも少なくない数の左派の人は、彼女の名を耳にすると顔をしかめます（Wiebel 2013: 46）。

それでは、「保守」の側からアーレントが評価されていたかというと、これもそういうわけではない。一九八六年のいわゆる歴史家論争 Historikerstreit はアウシュヴィッツの歴史的一回性 Singularität をめぐる論争だった（アウシュヴィッツと同列には絶対に論じられないという限定を付けたうえで、ではあるが、「従軍慰安婦は日本だけではない」という相対化をめぐる論争というほうが、今の日本では理解しやすいかもしれない）（Augstein et al. 1987 = 1995）。ここでフランクフルト学派のユルゲン・ハーバーマスから批判を受けたエルンスト・ノルテは「ファシズム」研究者で、この分野の基本書となる彼の研究『その時代におけるファシズム』*Der Faschismus in seiner Epoche* は、アーレントの本と同年、

（3）日本においても、事情はそれほど変わらなかった。C・フリードリヒ編の「全体主義について」というシンポジウムの記録に掲載されていたアーレントが「断然光っていた」と、藤田省三は回想している。そして次のように書いている。「短かったが共産党員であった時期があり、その時にはアーレントのアの字も口にしないように苦労した。そしてアッという間に高度成長に入り、石油危機に入り、会社主義に入り、今日の「安楽全体主義」に至った。そしてやっとアーレントを口に出来るようになると、今度はアーレントばやりになっていた」（藤田 2000: 16）。

一九六三年に刊行されているが、彼とアーレントの関係はほとんどない。また、全体主義アプローチを採ってはいても、『ワイマール共和国の解体』や『ドイツの独裁』の著者として知られ、一九五九年にボン大学に新設された政治学科の最初の教授としてボン共和国を支えたカール・ディートリヒ・ブラッハーのようなオーソドックスな歴史研究をする政治学者と、アーレントの議論の接点もほとんどなかった（Quadbeck 2008）。

旧東ドイツDDRが崩壊し、シュタージなどの問題が明らかになるなかで、一九九〇年代のドイツでは「全体主義研究ルネサンス」ともいわれる研究動向が出てくる。そしてアーレントもその文脈であらためて評価されるようになった。そして東欧革命のなかで、もっともよく読まれたのがアーレントだった。しかし、フランクフルトに戻り、メディアでの露出も多かったテオドール・W・アドルノや、ミュンヘン大学で学派を築いたエリック・フェーゲリンとは異なり、拠点も教え子もシューレ（学派）もドイツにもっていなかったアーレントの位置はながらく微妙なものだった。『ヒトラー最後の十二日間』の著者で、ヒトラーという「人」にこだわり、彼を脱デーモン化しようとしてきた歴史家ヨアヒム・フェストとアーレントのラジオ対談や書簡が刊行されているが、フェストにしても戦後西ドイツの歴史学のなかではアウトサイダーであり続けた（Arendt/Fest: 2011）。ちなみにフェストが最初の研究『第三帝国の顔』を書いたのも一九六三年だった。

4　「傘なしに風雨にさらされるように」

　ベルリンの壁が崩壊して三〇年近くが経つなかで、ハンナ・アーレントはとても学生受けのよい思想家の一人になっている。大学の講義でも、わかってもらうためにかなりの工夫を要するようなタイプの思想家では少なくともない。そして「活動」Handeln、「仕事」Herstellen、そして「労働」Arbeitという三つの概念や全体主義理解、あるいはアイヒマン評価などは、政治学の基礎的知識の一部として定着しているし、二〇一三年一月のセンター試験（倫理）では彼女についての問題が出されてもいる。このため、アーレント自身がその時代にどれほど心もとないところでものを考え、そして執筆してきたのかを忘れてしまいがちだ。この映画のサブタイトルは「彼女の思考が世界を変えた」だが、私たちはその変わったあとの世界に生きているということかもしれない。

　しかし、その時代においてアーレントはけっしてオーソドックスな人ではなかった。この映画でフォン・トロッタは、『エルサレムのアイヒマン』をめぐって雨あられのように彼女に非難が降り注ぐ様を描いて、このことを私たちに思い起こさせる。そしてこうした厳しい批判を受けるなか、彼女が大学の講堂で講義するシーンを最後にもってくる。約六分間にわたり、ドイツ語アクセントの英語で、しかし明瞭に、力強く語りかける。これによってアーレントのユダヤ人の同僚たちが彼女に理解を示すようになるわけではない。しかし彼女の言葉はその場にいた若い大学生の心には届いていく。バーバラ・スコヴァの迫力ある演技がこの変化を説得力のあるものにしている。アーレントが定番になったあとの状況では忘れられがちであるが、彼女は誰もが認める「真理」を述べて、教科書を書いた人ではない。あくまで「流れに抗して」思考した「人」だった。

フォン・トロッタは二〇〇六年一一月一六日付けの、パリでの日記に、一九五二年九月七日付けの、カール・ヤスパース宛のアーレントの書簡の一節を書き留めている（von Trotta 2013a: 113）。前後を補って、長めに引用しておく。

まさに彼女〔ラーエル・ファルンハーゲン〕は、なに一つ手加減せず、完全に欺瞞を排して、あらゆることをわれとわが身で試してみたのですから。私がいつも惹かれたのは、彼女に降りかかる人生を「傘なしに風雨にさらされるように」wie Wetter ohne Schirm して生きるというあの現象でした。だから彼女を見ると、すべてがはっきりして来ると思えたのです。だからこそ、彼女を見ているとやりきれない気持ちにもなりましたが（Arendt 1985: 234 = 2004: (1)-230）。

「傘なしに風雨にさらされるように」。アイヒマン裁判に向き合うハンナ・アーレントを、トロッタはこの言葉どおりに描いている。

第七章　五〇年後の『エルサレムのアイヒマン』
――ベッティーナ・シュタングネトとアイヒマン研究の現在

前章では、マルガレーテ・フォン・トロッタ監督の映画『ハンナ・アーレント』を手がかりにしながら、ドイツにおけるアーレント受容の文脈について書いた。この映画で主題化されている『エルサレムのアイヒマン』（一九六三年）がその時代においていかに挑発的 provokativ な本だったのかをあらためて確認することになった。

では「悪の陳腐さ」Banalität des Bösen; banality of evil というサブタイトルをもつこの本が刊行されて五〇年が経ち、それをめぐる評価も一段落したのかといえば、まったくそんなことはない。当時とはもちろん論点は異なるが、近年ドイツではこの本をめぐりふたたび多くの議論がなされており、今その読み方がとても難しくなっている。前章が刊行時の論争を扱ったとすれば、この章は現在進行中の問題の組み替えがテーマということになる。

1　エルサレム以前のアイヒマン

フォン・トロッタの映画に対する一般の評判がよいということについては、前章でもふれた。しかしそうはいっても、なかには批判的なレビューもいくつかあり、しかもそれらはいずれも一つの論点に関連している。その論点というのは、「悪の陳腐さ」というアーレントのアイヒマン理解は今日の歴史研究の水準からして維持できない、というものだ。たとえば週刊新聞『ツァイト』の文芸担当のトーマス・アスホイアーの記事「その悪は本当に陳腐なのか――マルガレーテ・フォン・トロッタ監督は女性哲学者ハンナ・アーレントに忠実で、その誤りを覆い隠している」（Assheuer 2013）なども、そのことに言及している。トロッタがアーレントという「人」にフォーカスを当てることで、彼女の視点を外から距離をとって見ることが難しくなっているというところに問題があるのかもしれない。しかし、議論の焦点はもう少し違うところにある。

周知のようにアーレントは、六〇〇万人ものユダヤ人の大量虐殺が行われたのは「怪物」Ungeheuer のような悪魔的な人物によってではなく、自分はただ命令に従っただけだと言い張る、思考能力の欠如した「道化」Hanswurst によってだったと述べた。Hans（男の子の名前、日本語なら「太郎」）と Wurst（腸詰め、ソーセージ）の結合した「ハンスヴルスト」をどのように日本語にしたらよいのかは難しい問題だ。この語には、知的に計算して意識的に笑いをとる役者という意味合いと、わかっていなくて周囲の物笑いの種になる間抜けなやつという意味合いがともに含まれている。日本語の

「道化（師）」には前者の側面が強いが、アーレントは後者のほうの意味でも使っている。彼女が英語では両方の意味をもつclownを使いながら、ドイツ語でアイヒマンについて語るときにはドイツ語のClownではなく、Hanswurstを使っているのは後者を強調するためかもしれない。

「悪の陳腐さ」というアーレントのテーゼは、発表当時は多くの反発を受けたが、今日では広く受け入れられている。少なくとも、日本ではそうだろう。とくにマックス・ウェーバーなどを研究していると、彼の官僚制についての議論や、『支配の社会学』に収録されている「規律」についての短い節と関連づけながら、こうしたアーレントのテーゼを補強して説明したくなる。イニシアティブの余地のない組織の「歯車」というイメージはいくぶん安直ではあるが、現代社会を語るうえでなおも訴える力をもってもいる。

ところが今、フォン・トロッタの映画への批評でも指摘されているように、こうしたアーレントのアイヒマン理解が大きく揺らいでいる。それどころか覆されているといったほうがよいかもしれない。そのきっかけを作ったのは、二〇一一年に刊行され、注目を浴びたベッティーナ・シュタングネトによる研究『エルサレム以前のアイヒマン』だった。シュタングネトは、ウィレン・サッセンのテープ起こしも含む、いわゆる「アルゼンチン文書」Argentinien-Papiereと呼ばれる膨大な資料を渉猟し、アイヒマンが筋金入りの反ユダヤ主義者で、官僚的というよりクリエイティブな殺戮者だったこと、そしてエルサレムで見せたのは「仮面劇」Maskenspielだったことを明らかにしている。映画のなかでアーレント役のスコヴァァは大量の資料と格闘しているが、当時とは比べものにならないくらいに膨大な資料が今日では読めるようになっており、シュタングネトはこれを徹底的に調べあげ、六五〇頁を超える大著として提示した。『エルサレム以前のアイヒマン』が出されたあと、ドイツでアイヒマンに言及したもので、この研究を意識しないでいるものは一つとしてない。

もっともアイヒマンと同時期にアルゼンチンに逃れていたオランダのヒトラー信奉者で、ジャーナリストのウィレム・サッセンによるインタビュー記録 Sassen-Interview は、一九六〇／六一年には英語雑誌『ライフ』*Life*、ドイツ語雑誌『シュテルン』*Stern* に部分的ではあるが発表されているし、アーレントもこれらを読んでいる。しかしその時点では真偽のほどはわからず、発表されたのは断片だけで、またアイヒマンもこのインタビューを巧妙に否認していた。アイヒマン裁判が世界中から注目を集めるなかで、自称ジャーナリストが持ち込んできた「実録」がガセかどうかを判定するのは容易ではなく、少なくとも真に受けるわけにはいかなかったのは当然のことだ。

ところがその後、アルゼンチンに逃亡中のアイヒマンの人間関係やそこでの言動がしだいに明らかになってきた。アイヒマンはデューラー出版の創始者エーベルハルト・フリッチュ Eberhard Fritsch らと週末に会合をくりかえし、ナチズムの思想を普及させるために出版の準備をしていたというのだ。デューラー出版は大戦後、アルゼンチンで極右雑誌『道』*Der Weg* を発行していた。そして一九九八年には、このサッセン・インタビューのもとになる録音テープが聞けるようになった。ここでアイヒマンはごまかすことなく、正直に話さなければならないといい、次のように述べている。「いまや私たちが知っているように、そしてそのように計算がついていたように、一〇三〇万人のユダヤ人がいました。このうち〔六〇〇万人ではなく〕一〇三〇万人のユダヤ人〔すべて〕を殺していれば、私は満足し、そして、よし、これで敵を殲滅したといったでしょう」(Stangneth 2011: 392)。

こうした資料から浮かび上がってくるアイヒマンはたんなる組織の「歯車」ではない。主体的な判断を持ち合わせないグロテスクな「役人」でもない。彼は自発的、自覚的、確信犯的な国民社会主義者だった。となると、エルサレムの裁判のなかでの「アイヒマン」は死刑を免れるための演技が作り出したもので、それ自体が裁判戦術だったということになる。ベッティーナ・シュタングネトは膨大な資料から、これらのことを明らかにしている。しかも彼女はグローバル都市論、移民研究で有名な、コロンビア大学のサスキア・サッセンからも証言をとっている。この本を読むまで私も知らなかったが、サスキアはアイヒマンにインタビューをしたウィレム・サッセンの実の娘で、この録音が始まった一九五七年に一〇歳だった——たしかに彼女の経歴を見ると、オランダ生まれでアルゼンチンに移住した、となっている。こうなると、歯車、ハンスヴルスト、「悪の陳腐さ」というアーレントのアイヒマン・レポートを無批判になぞることはできなくなる。アイヒマンをめぐる今日の研究状況は、こうしたことになっている。

2　問われるアイヒマン評価

エルサレムに連行されるまでの、逃亡中のアイヒマンの足跡（『エルサレム以前のアイヒマン』）が明らかになるなかで、かつて国家秘密警察（ゲシュタポ）や親衛隊ＳＳの本部があった地区に作られているベルリンの「テロのトポグラフィー」Topographie des Terrors で、アイヒマン裁判から五〇年にあたる二〇一一年に「審判――法廷でのアイヒマン」Der Prozess – Adolf Eichmann vor Gericht という展示が行われた（Baumann 2011）[1]。ここでは官僚制的な組織人間の権化としてアイヒマンを理解するのではなく、そのように自己をディスプレーし、追及をかわそうとした、というシュタングネトの議論を踏まえたうえで、その裁判戦略 Verteidigungsstrategie に焦点が当てられた。またアイヒマンの尋問に当たったアヴネール・レス大尉の手記『嘘だ、すべて嘘だ』も昨年シュタングネトの編集によって単著として刊行され、レスがアイヒマンの自己弁護のストラテジーに気づいていたことが明らかにされている（Less 2012）。

もちろん、これらの資料や歴史研究があるからといって、アーレントの理論的な洞察が否定されるわけではないし、フォン・トロッタの映画『ハンナ・アーレント』にしても完成の前年に出た研究成果を踏まえていないという理由だけでマイナスの評価を受ける必要はないだろう。それはあくまで映像作品として、「事実」に即しているかどうかとは別の水準で評価されるべきだ。またトロッタはこの映画であえてアイヒマン役の俳優を立てるのではなく、アイヒマン裁判中の実録のフィルムを用いている。アーレントがアイヒマンを見ながら、そして彼に関する数千ページにわたる資料を読みながら「手すり」のない状態で考えたように、映画の観客も自らその人の仕草や話し方を感じ、そして考えるようにとの配慮でもあろう。そしてこの手法は同時に、法廷でのアイヒマンの振舞いをどのように評価するのかが大きな議論を呼んでいる今だからこそ、観客自身が自分の目と耳で判断してほしいという意図から選択されてもいると推測する。アイヒマンは間抜けな「ハンスヴルスト」なのか、それとも罪を軽減するためにわざと笑われる「道化」の役を演じていたのか。あるいはアーレントのアイヒマン本を今どうやって読むべきか。映画『ハンナ・アーレント』を観るということは、これらもろもろの問いに直面させられることでもある。

3 シュタングネトの立場

『エルサレム以前のアイヒマン』を書いたベッティーナ・シュタングネトはもともとカントの研究書『誠実という文化』*Kultur der Aufrichtigkeit*（二〇〇〇年）から出発した人で、自己紹介では基本的に「哲学者」と名乗っている。カントに関心がある方ならば、フェリックス・マイナー社のシリー

（1）この展示は、その後ケルンのゲシュタポの拠点として使われていた建物にあるＮＳ資料センター EL-DE-Haus でも開催され、私はそこで資料を閲覧した。

ズ（あの独特の緑色の表紙）の『たんなる理性の限界内における宗教』の編者として彼女の名前を見たことがあるかもしれない。またシュタングネトには「カントにおける反ユダヤ主義」についての興味深い研究もある。カント学者がアイヒマンの歴史研究を出したと聞くとなにか不思議な感じがする。しかし少し考えてみれば、「悪」の問題や、アイヒマンがしばしば持ち出す「カント」の用法、さらには嘘の理論 Lügentheorie についてなど、両者をつなぐ筋は思いのほか明瞭でもある。

こうした背景もあり、シュタングネトはアーレントの『エルサレムのアイヒマン』の偶像破壊を目的としておらず、またそれで満足しているわけではない。それどころか、彼女は悪の哲学史における「悪の陳腐さ」というアーレントのテーゼを高く評価し、そのテーゼ自体は「正しい」と強調しさえしている。アーレントの議論にとってアイヒマンは「誤った事例」das falsche Beispiel だった、とシュタングネトは解釈している。哲学者でもあり歴史家でもある彼女は、前者としてアーレントの「悪」の理論への貢献を評価しながら、後者としてはアイヒマンという歴史的個体をその枠組みに還元しないで記述しようということなのだろう。

ところで、私はどうしたらいいだろうか。例年、講義でなんらかのかたちでアイヒマンに関連することを取り上げている。(2) これまで毎回少し迷いつつも、「定説」化されたアーレントの型通りの説明をなぞるだけでその場をしのいできた。いちばん思考停止しているのは、自分自身だったかもしれない。たんなる「行政的大量殺戮者」Verwaltungsmassenmörder というレッテルでアイヒマンを語るわけにはいかないとすれば、『エルサレムのアイヒマン』とどのように向き合うかが真剣に問い直されることになる。あくまで理論の水準に限定してカントの「絶対悪」とアーレントの「悪の陳腐さ」を対比して論じるか。あるいは、最近の研究を紹介してアイヒマンの映像を見せたうえで判断を学生に投げるか。それとも透明化、ガラス張り化が「政治改革」のキーワードとされている状況だからこそ、アイヒマンを題材にしながら政治における「嘘」について自分なりに踏み込んで考察してみるか。シュタングネトの本を読むことで、講義の負担がかなり重くなった。

なお、シュタングネトは現在、アーレントの『エルサレムのアイヒマン』の歴史クリティーク版historisch-kritische Ausgabe をピーパー出版 Piper Verlag で準備しているという。これ自体、彼女がアーレントの仕事をリスペクトしている証左だろう。アーレントのアイヒマンとの対話を続けようと思うならば、このテキスト・クリティーク版の検討は避けて通るわけにはいかない。

4　タバコの煙のように

最後にアーレントとタバコについて。フォン・トロッタの映画のなかで、ハンナ・アーレントはタバコをよく吸っている。よく吸うという生易しいものではない。ソファーでくつろいでいるとき

（2）このエッセイを書いた時点では、立命館大学法学部で担当していた「平和学」という講義で、アイヒマン裁判を扱っていた。

はもちろん、大学で講義をしているときも、寝転んでいるときも、彼女役のバーバラ・スコヴァはタバコを吸い続けている。アイヒマン裁判でも彼女は法廷で傍聴するのではなく、プレス関係の別室で延々とタバコを吸っている。これについてインタビューに答えるかたちで、フォン・トロッタは語っている。タバコが吸えないので法廷ではなくプレス席からモニターに映るアイヒマンを見ている、という設定は、トロッタの創作だったが、のちにアーレントの甥に聞いたら、実際そうしていたという。しかもこの甥によれば、叔母のアーレントは「この映画で以上に、実際はもっとタバコを吸っていた」そうだ（von Trotta 2013b）。

学生のときに早稲田の生協で『暴力について』（みすずライブラリー）の表紙をはじめて目にして、なんでこんな変な写真を表紙にもってくるのだろうと不思議に思ったのをよく覚えている。タバコを吸っている思想家の写真は他にもないわけではない。この表紙のアーレントの写真が印象的だったのは、あまりにタバコの煙がもくもくしていたからだった。しかしフォン・トロッタの映画を見て、（晩年の）アーレントを写すには、濃く深くたちこめる煙が必要だったということがよくわかった。彼女が自分自身と対話する過程はタバコの煙とどこか連動しており、この映画はそれをとてもうまく使っている。

日本の多くの大学でも全学禁煙となり、キャンパスの片隅にかろうじて「シェルター」が残されるのみとなった。トロッタは煙によって思想家がものを考えているところをビジュアル化するのに成功したが、煙がない時代には、思想家の映画を撮ることがますます難しくなるかもしれない。

映画『ハンナ・アーレント』の公開にあわせて、Martin Wiebel (Hrsg.), *Hannah Arendt. Ihr Denken veränderte die Welt*, München/Zürich: Piper, 2012（ペイパーバックは翌年）が刊行されている。本書には監督のフォン・トロッタのインタビューや日記の抜粋、いくつかの場面の台本、関連論文やエッセイが収められており、そのなかにはベッティーナ・シュタングネトの「エルサレム以後のアイヒマン」も入っている。(3)

（3）周知のように、この映画は日本でも二〇一三年一〇月から岩波ホールほかで公開され、大きな反響があった。このエッセイは、日本での公開の一ヶ月ほど前に発表したものである。

IV　動員と「なんちゃらファースト」

第八章　テクノクラシーと参加の変容

政治的な概念を理解するには、その概念がなにに対抗して語られているか、そしてその対抗の仕方はいかなるものかを見定めることが必要である。官僚制という用語の対抗概念については、いくつかの可能性がある。政治、ないし政治家というのが有力な対抗概念であり、本書でもしばしばこの対抗性を前提にして官僚制について論じてきた。

本章では参加を取り上げ、それとの対抗関係から官僚制とその変容について考察したい。一九六〇年代、七〇年代から九〇年代、そして現在へと至る政治学用語としての参加の意味の変容と、官僚制と市民参加の関係の変容をたどっていくことで、今日の官僚制の置かれている位置がより明晰に見えてくるはずである。

1　時代性と意味の変容

参加が政治学・政治理論における重要概念であるということについては、異論が出されることはないであろう。しかし、これらの概念の一般理論を形成しようとすると、むしろ見えにくくなるものが出てくる。なぜなら、これらの概念は一定の時代性を背負っており、そしてコンテクストの変化によって、その言葉が意味する内容が変容しているからである。参加、および動員というキーワードを切り口にしてデモクラシーについて考えようとする本章では、この時代性と意味の変容にとくに注意を払いたい。

参加については、人間が善く生きるためにはポリスにおける政治参加が不可欠であるとするアリストテレスの「ポリス的動物（ゾーン・ポリティコン）」を引きながら、政治参加の普遍的意義を指摘することはもちろんできる。また、公的なことがら res publica への市民の能動的な態度と精神を評価する共和主義的な伝統を検討することは、思想史研究のみならず、現代のデモクラシーにおける参加の質をとらえ返すうえでも、重要な意味をもつ（Pocock 2003 = 2008）。

しかし、政治学用語としての参加が、連続的に同じ意味をもち、しかもそれがしだいに進展していると考えることには、大きな問題がある。この語が、一九六〇年代後半から七〇年代にかけて、急速にその重要度を上昇させたということは、忘れられるべきではない(1)。

高畠通敏は「市民参加の政治理論」（一九七七年）で、「市民参加の問題は、政治学者の間では、いま一番論じられているテーマの一つである」と述べたうえで、「しかし、つい一〇年ぐらい前はまだ市民社会という言葉自身が熟語になっておらず、新聞などにおいてもほとんど取り上げられることがなかった」と指摘している（高畠 1983: 221）。この「一〇年ぐらい」、つまり一九六〇年代後半からの時期にあったのは、ベ平連（ベトナムに平和を！市民連合）の運動であり、公害問題をきっかけにした住民運動であり、「一九六八年」の学生運動であり、革新自治体の出現、さらには「市民の政治参加」を強く主張しながら、日本社会党から離脱して出発した社民連（社会民主連合）の結党などであった。「（市民）参加」という語は、こうした政治動向を束ねる流行の言葉として用いられた。

私たちは、こうした議論の蓄積から多くの恩恵を享受している。その意味で当時との連続性については、しっかりと確認しておくべきであろう。しかし、こうした特定の時代に形成され、蓄積されてきた参加に関する議論の延長線上に、現代の状況を論じようとすると、不都合なことが出てくる。今日、新自由主義と結びついたポピュリズムが多くの人びとを動員することに成功しており、

（1）『政治学事典』（平凡社）は、当時の第一線の政治学者を総動員して書かれた事典であるが、ここには「参加」という項目はなく、この語は索引にも出てこない（中村・丸山・辻 1954）。この不在は、参加という語が一九六〇年代後半からのコンテクストにおいてはじめて政治学のテクニカル・タームに引き上げられた、というテーゼを裏づけるものであろう。なお、『政治学事典』には小項目ながら「動員」についての記述は存在する。

社会的に排除され、孤立している人びとの包摂social inclusionが切実な課題とされ、また従来の行政中心の公共に代えて「新しい公共」が提唱されている。こうしたなかで用いられるとき、参加は一九六〇年代後半とは異なる意味合いを帯びざるをえない。

以下、本章では、一九六〇年代から七〇年代における参加と動員をめぐる議論と一九九〇年代以降の現代の議論を比較することで、デモクラシーの今日的特徴を描こうと試みる。このため、両時期の連続性よりも、断絶性が故意に強調されることとなるだろう。

手順としてはまず、参加と動員の概念について一般的なことを確認したうえで（2節）、一九六〇年代後半からの時期の議論の文脈を確認し（3節）、そのうえで、それとの対比というかたちで、現代における参加と動員について考えてみたい（4節）。

2　参加と動員

参加と動員について議論するためには、時代負荷性を考慮に入れなければならないというのが、著者の基本的な立場ではあるが、本題に入る前に、両概念についての最低限の整理と確認をしておきたい。

参加とは、政治決定の過程で、その決定の内容に影響力を行使すべくオピニオンを表出することである。公的な意思決定の過程から排除されないこと、一部の特権的な人にだけ影響力が偏在しないようにすることと言い換えることもできる。デモクラシーがデモス（民衆）の支配を意味するとすれば、こうした包摂 inclusiveness としての参加が、デモクラシーにとって本源的な意味をもつことはいうまでもない。

こうした意味での参加は、選挙権と切り離すことはできない。とはいえ、参加を選挙権に限定してしまうわけにもいかない。国民国家が基本的な政治ユニットになると、規模を一つの理由として議会制デモクラシーが中心的な位置を占めるようになった。しかし、そうした条件にあっても、人びとの直接的な政治参加の根源性を根拠にして、代議制を批判する主張がくりかえし唱えられてきた。人びとがもつオピニオンは複数的であり、しばしば代理や代弁を拒む性格をもつ。したがって参加には、代表者に抗してまでも、あくまで当事者が自分の口で語ることが含まれる。『社会契約論』でルソーが「イギリスの人民は自由だと思っているが、それは大まちがいだ。彼らが自由なのは、議員を選挙する間だけのことで、議員が選ばれるやいなや、イギリス人民はドレイとなり、無に帰してしまう」と述べていることは、よく知られている（ルソー 1954: 133）。

次に、動員とは、ある目的の実現のために、人や物やカネを集約的につぎ込むことを意味する。デモクラシーが民衆の自己統治であるとすれば、しばしば分散し、対立する諸力に一定のかたちを与えることが必要であり、このため民主的な政治にはなんらかの動員が不可欠である。人びとがそれぞれの声を発すれば（参加すれば）、それらの声はおのずから一つにまとまっていくと考えるとすれば、それはあまりにオプティミスティックにすぎるであろう。参政権が拡大し、デモクラシーの参加者の数が急激に膨れ上がることとは、その分だけ動員の必要性を高めることになった。また私たちの社会における差異や多様性が豊かになることも、いかに束ねるかという課題を切実にする。

動員はそもそも軍事的な出自の語であり、また二〇世紀の総力戦の時代経験と密接に結びついているため、否定的なニュアンスを帯びることが多い。また一部の政治エリートや少数の作為の主体が想定されることで、動員はデモスの支配としてのデモクラシーとはつねに緊張関係に立つ可能性を孕んでいる。しかしそれでも、民主的な統治において、人びとを結びつけ、人びとを動かすためには、いっさいの動員を否定してしまうわけにはいかない。本書、第II部で、「決められない政治」について考慮したが、さまざまな考えや思いをもつ人びとが存在しているなかで、集合的に一つの方向に「決め」、それを推進するためには、なんらかの「動員」が不可欠である。

参加と動員という二つの概念の関係については、一般的には、前者が組織の上層部に属していない、あるいはそもそも特定の組織に抱え込まれていない多数の人びとが、「下から」、政治的な決定に関与しようとするものだとすれば、後者は組織の比較的上層部にいるか、あるいは意思決定に影響力を行使しやすい立場にある少数の人びとが、「上から」、多数の人びとを操作し、民意を方向づけようとする行為を指す。つまり、多数で、「下から」なのが参加であり、少数で、「上から」なのが動員である。とりあえずこのように概念整理をすることができる(2)。

しかし、いうまでもなく、参加と動員、両方の概念の境界線はしばしば不分明である。一九八九年からの東欧革命は、自発的な市民の広範な参加なくしては実現しえなかった。しかしポーランドの「連帯」やそれを指導したワレサの動員の力量も看過されるべきではないだろう。ここでも参加と動員を峻別することは難しい。さらに二〇一一年にチュニジア、エジプト、そしてリビアなどで起こった中東革命では、ソーシャル・ネットワークを基盤としたため、組織や指導者の動員の程度は東欧革命以上に弱く、それゆえ両者の関係について述べることは、ますます難しくなっている。いずれにしても六〇年代後半と九〇年代以降という二つの時期の参加と動員について、以下の節で対比的に論じたうえで、最後にもう一度、参加と動員の関係について考えてみたい。

3　六〇年代後半における市民参加の文脈

一九六〇年代後半からの政治状況を記述するのに、「参加の噴出」participation explosion という語が使われることがある。この時期には、民意を反映するはずの議会が機能せず、そこでの討論が空洞化し、デモクラシーが危機に陥っているという認識が、人びとを直接的な参加へと向かわせた(篠原 1977)。ここではその背景として、以下の四点を指摘しておきたい。

まず、利権の構造の形成である。アメリカのアイゼンハワー大統領は一九六一年の退任演説のな

(2) 福元健太郎は「非制度的で・直接的な・下からの運動」を狭義の参加として、「制度的で・間接的な・上からの動員」をも含んだ広義の参加と区別している(福元 2002)。

かで、軍産複合体に警告を発した。軍、武器関係の企業、そして政治家が癒着する構造が形成されつつあり、それが「民意」とかけ離れた政策形成をもたらしていることを問題にしたのである。日本でも自民党政権のもとで、「鉄の三角関係」とも呼ばれる政官財の癒着の構造が形成され、実質的な政策がその利権によって規定されているとの議論がなされてきた。いずれにしても、このような構造のなかでは、いくら選挙の機会があっても、組織化されていない一般の人びとのオピニオンは代弁されにくい。こうした不満の蓄積は、直接参加への動機を高めることになる。

もちろん政治参加には、投票すること、そして議会に「自分たち」の代表を送り出すことも含まれる。それどころか現代のデモクラシーにおいては、それらは参加の中心的部分である。しかし六〇年代後半のコンテクストでは、市民参加という語に、投票や議会や代表への不信感が込められ、そうした間接性の限界を超えることが目指されていた。ここに、この時代の参加の特徴がある。

第二は、テクノクラート支配である。一九六〇年にダニエル・ベルは『イデオロギーの終焉』を著し、国際関係における東西冷戦の構造にもかかわらず、先進諸国の政治は収斂するとの時代診断をくだした。大きな政治路線（イデオロギー）の対立がなくなり、政治の選択の幅が狭くなるということは、人びとの代表である議員よりも、法律や経済などの専門知識をもったエリート官僚層が中心的な役割を果たす傾向を生む。また、社会が複雑化し、専門化すればするほど、この傾向は顕著になる。

西ドイツでは、一九六六年に、キリスト教民主同盟ＣＤＵと社会民主党ＳＰＤの「大連立」が成立した。これによる民主的選択肢の喪失と閉塞感を背景として、ユルゲン・ハーバーマスは脱政治化とテクノクラート支配を問題にし、次のように論じた。

デモクラシーはもはや、議論による意志形成の過程への市民参加 Beteiligung der Bürger によって支配を合理化するという目標をもっていない。それはむしろ、いくつかの支配的エリート間での妥協を可能にする手段になっている。これによって最後には、古典的なデモクラシー理論の実質も放棄される。もはや政治的に重要なすべての決定過程は民主的な意志形成の命令に服さない。それに服すのはただ、政治的に定義された政府システムの決定だけだとされる。こうして人民の自己決定に取って替ったエリートの多元主義は、レジティマシーの付与という義務から私的に行使される社会的権力を放免し、理性的な意志形成の原理の及ばぬ治外法権下におく（Habermas 1973:170 = 2018: 224-225）。

この文章は、一九七三年の「後期資本主義」に関する著作からの引用である。「原発による環境破壊に反対するオーバーライン活動委員会」が運動を始めたのは、この頃だった。この抵抗運動は原発建設予定地を占拠するなど、不法活動に発展する。しかしそれでも、この運動には公共圏における「共感」が広がっていく（Radkau 2011b = 2012: 16-17）。こうした事情を背景として、ハーバーマスはテクノクラート批判と市民的不服従の擁護を展開する。その後、彼は『コミュニケイション的行為の理論』（一九八一年）で、有名な「システムによる生活世界の植民地化」というテーゼを提示するが、このテーゼはこのような文脈のなかで出されたものであった。そして同時にこのテーゼは、官僚制的合理性に抗する政治参加を後押しすることになった。

第三に、人びとの利害や価値観の多様化である。環境、女性、あるいはライフスタイルやアイデンティティにかかわる問題などが前景に出てくることで、利害や価値観が多様になり、議員を選ぶ選挙というかたちでは、それらを代表することがますます難しくなってきた。フランスの社会学者アラン・トゥーレーヌによって「新しい社会運動」と名づけられた運動のあり方は、こうした流れのなかで登場する。

最後に第四点目として、社会の官僚制化による管理、あるいは規律化の傾向を挙げることができる。一九六〇年代、七〇年代には、企業にしても、大学、あるいは病院にしても、大規模組織化と管理の強化が進み、そこにおける「疎外」が大きな問題になった。（今日ではかぎりなく誤訳に近い英訳とされている）ウェーバーの「鉄の檻」Iron Cage のメタファーが、大きな説得力を獲得したのも、こうした事情を背景としている（野口 2010＝2011b: 3章）。そして市民参加は、このような傾向に対する対抗策の意味をもった。

以上の背景のもと、この時代には市民参加が強く唱えられ、また実践された。そしてこのような動向とリンクするかたちで、政治理論の領域でも、参加デモクラシーの議論が展開された。第二次世界大戦後のデモクラシー論では、経済における市場と政治における選挙をパラレルにとらえながら、エリートの競合に力点を置くシュンペーターの理論が主流であった（Schumpeter 1950＝1955）。戦後の状況において、一党独裁と同質性強制により政治的勢力の多元性を抑圧し、大衆「動員」を図る全体主義体制を批判するかたちで、デモクラシー論は再建されなければならなかった。シュンペーターの理論は、こうした課題にこたえることに成功しており、このため説得力を獲得した[3]。

ところが、戦時中における一元的な「動員」に対する批判的な評価から、エリート選別の「競合」を強調したシュンペーターの議論は、デモクラシーにおける「参加」を過小評価することになる。キャロル・ペイトマンら、参加を唱える政治理論家たちはルソーやJ・S・ミルを評価するかたちで、デモクラシー論を再構築しようとしたが、このときその理論的な批判対象がシュンペーターであったことはけっして偶然ではない（Pateman 1970＝1977）。

個人の自由や利益を守るために、その手段として民主的な制度を正当化する議論を「防御的《ぼうぎょてき》デモクラシー」と呼ぶならば、六〇年代後半からの「参加デモクラシー」はそうした道具的な（あるい

（3）シュンペーターのデモクラシー論は、政治エリートの競合を強調する点で、マックス・ウェーバーの人民投票的指導者デモクラシーと一定の連続関係にある。しかし、後者におけるカリスマ的なリーダーシップと「動員」の契機は、シュンペーターにおいては後景に退いている。その代わりに彼が論じるのが、アントレプレナー（起業家）である。この違いは、シュンペーターが経済学者だったということからも説明できるが、全体主義の経験による「動員」への警戒とも無関係ではないだろう。なお、ルーマンは「頂点の分割」Spaltung der Spitze によってデモクラシーを特徴づける。ここでもデモクラシーにおける「動員」の契機は低く抑えられている（Luhmann 1994）。

は消極的な）デモクラシー理解から離れ、参加それ自身のもつ価値を強調するようになった（Macpherson 1977 = 1978）。そして、政治参加することではじめて獲得される市民の徳や正義感覚といった論点は、一九九〇年代以降、リベラル、あるいは新自由主義的なデモクラシー論に対抗する共和主義的な政治思想やシティズンシップ論に引き継がれることになる。あるいはまた個人の権利や利益の確保を目的とし、代議制を基本とする「シン・デモクラシー」thin democracy に対抗して提起されたベンジャミン・バーバーの「ストロング・デモクラシー」strong democrcy にも、同様の問題意識の継続を確認できる（Barber 1984 = 2009）。

4　一九九〇年代以降の文脈の変化

（1）ポピュリズム

一九六〇年代、七〇年代の参加デモクラシーの議論において、参加の拡大やその制度化は基本的に肯定的に論じられた。なかにはハンチントンのように過度の参加に「統治可能性の危機」を見いだす論者もいた。「より多くのデモクラシーを」という要求は「決定の負荷」を高めないではいられないからである。また、「参加のもつ「包絡」の危険性」という動員にともなう問題性が、理論的な水準において、なくなったわけでもない（篠原 1977: 9）[4]。しかし、すでに確認したような、代議制の機能不全やそうした問題を引き起こした背景が存在した。「デモクラシーの赤字」を解消するため、「より多くの参加」を求めることが基調となった。

冷戦構造の終焉以後の今日でも、政治参加の評価の符合は基本的にはプラスである。東欧革命において「市民社会」が果たした大きな役割は、「西」側のデモクラシー諸国にも波紋を広げた。また、一九九六年に新潟県（旧）巻町で行われた原子力発電所建設の是非をめぐる住民投票は注目を集め、その後、住民投票の制度化への動きが全国に広がっている。

しかし、今日、こうした展開に参加の拡大への直線的で、肯定的な歩みだけを確認するわけにはいかない。考えなければならない一つ目の論点は、ポピュリズムの問題である。もちろんこうした用語を使うにせよ、使わないにせよ、ポピュリズムとされる現象は今に始まったものではない。工業化によって大きな力をもつに至った独占資本に抗する、南部を中心とした農民運動であるアメリカの人民党（ポピュリスト）は、一九世紀末の現象であったし、「情緒」に訴えて、人びとの支持をとりつける衆愚政治という意味なら、それはつねにデモクラシーと並走してきた。しかしそれにもかかわらず今日あらためてポピュリズムについて考えなければならないのは、新自由主義的なイデ

（4）「市民参加」の主導的な理論家であった篠原一は、周知のように、もともとドイツ史の研究者であった。したがって彼は、ヒトラーの扇動による「動員」なのか、普通の人びとの「下から」の支持なのかをめぐる議論についても承知のうえで発言している。ここで引用した一節（「包絡」）には、彼がファシズムにおける「動員」の問題への関心と警戒をもち続けながら、参加について論じていることがよく表われている。

オロギーと結びついた現代のポピュリズムが、六〇年代の参加デモクラシーの議論をいわば「換骨奪還」しながら引き受け、少なくとも一部はそこから滋養を吸い上げているからである（大嶽 2007: 25）[5]。

小泉純一郎の構造改革とその政治的パフォーマンスを見ればよくわかるように、ここで「敵」として批判されるのは、特権的な地位にいて民主的な統制を受けず、「上から目線」で議会をコントロールする非民主的なキャリア官僚であり、彼らが「天下り」などのかたちで享受している特権や既得権である。そしてこれに対しては、「国民目線」の、わかりやすい、「密室」での決定ではなくオープンな、したがって人びとの能動的な支持を受けた強いリーダーが対置される。かつて参加デモクラシーをもたらしたテクノクラートへの批判は、今度はそうしたエリート層をバッシングし、その既得権を削ぎとることで、自らを正当化しようとするポピュリズム的な政治リーダーへとゆるやかに接続している[6]。エリートによるテクノクラシーを極小化しようとする市民参加の論理と心理が、新自由主義によって絡めとられている。

近年、参加というより熟議、あるいは討議（いずれも deliberation の訳）が注目されるのは、こうした文脈においてである（篠原 2004）（田村 2008）。日本の官僚主導体制がいかに問題を孕むものであったとしても、官僚制それ自体をなしで済ますわけにはいかず、したがって官僚制バッシングの強度をめぐる競争は、積極的な着地点を見いだせない。そしてそもそも日本の公務員数は、国際比較をしてみれば明らかなように、すでにかなり少ないという現実もある（前田 2014）（前田 2018）。

もちろん、不公正な既得権のようなものは正されるべきである。しかし、とにかく公務員を叩いて、「引き下げ」ようとする政治は誰にとってもいい結論をもたらさない。「小さな政府」を唱えるポピュリストによる動員は、こうした危険性を孕んでいる。政治的な関心の激しさや参加の量だけでは、危うい動員に陥りかねない。このため、よく考えること、およびそのための制度化が模索されている[7]。

(2) 社会的包摂

今日の状況において参加と動員について論じるときに、新自由主義と結びついたポピュリズムと

---

(5) 現代の「フレキシブル」な資本主義は、六〇年代後半における管理社会や画一性への批判を取り込むことでバージョン・アップをしている、とボルタンスキーは論じている (Boltanski 2007 = 2013)。六〇年代、七〇年代の批判を取り込むという点において、新自由主義的な経済とポピュリズム的な政治手法には、一定の並行関係がある。

(6) この点と関連して、二〇一〇年のアメリカ中間選挙で、共和党の勝利に大きく貢献したティーパーティー運動にも言及しておくべきであろう（マーク・リラ 2010)。オバマの医療保険制度改革を批判し、「小さな政府」を唱えるこの運動を、「下から」の「自発的」な参加の実践として肯定的に論じてしまってよいのか、という問題に、私たちはここでも直面する。

(7) 参加を唱えつつ、そこに孕まれる問題性をとらえ直すという点で、ペイトマンの政治理論の展開が興味深い。参加デモクラシーの主導的な論者であった彼女がフェミニズムへと理論を展開していくのは、参加の量や強度では測れない次元を問題にする必要に迫られたことによる（山田 2010)。

ともに検討しなければならないのが、社会的包摂social inclusionである。グローバル化と新自由主義的な政策の展開のなかで、貧困や差別による社会的排除の問題がクローズ・アップされてきた。こうした文脈で、参加には以前とは異なったニュアンスが付加されつつある。岩田正美は、社会的排除を定義して、次のように書いている。

社会的排除という言葉は、それが行なわれることが普通であるとか望ましいと考えられるような社会の諸活動への「参加」の欠如を、ストレートに表現したものである。別の言い方をすると、社会関係が危うくなったり、ときには関係から切断されている、ということである。貧困が、生活に必要なモノやサービスなどの「資源」の不足をその概念のコアとして把握するのに対して、社会的排除は「関係」の不足に着目して把握したものであることが常に強調されている(岩田 2008: 22-23)。

この引用にあるように、今日の時代状況において、社会への「参加」の欠如として社会的排除を論じることは、とても重要である。ハンナ・アーレントは『全体主義の起原』において、「見捨られているということ」Verlassenheit; lonelinessについて論じている。彼女はこれを孤独Einsamkeit; solitudeと区別しながら、こうした境遇が生じるのは、「ともに住んでいるこの世界が分裂し、たがいに結ばれ合った人間たちが突然自分自身に投げ返された」ときであると述べている(Arendt 1986:

976-977＝2017: (3) 320-321)。「アンダークラス」や「二級市民」といった言葉がリアリティを帯びる一方で、税金の安い海外（あるいは自治体）への退出や、ゲート付き住宅 gated community の「要塞」への立てこもりが進んでいる。こうした社会の分断のなかで、アーレントの議論があらためて注目され、読み返されている（齋藤 2008）。比較的豊かで、余裕のある市民による積極的、能動的な参加ではなく、社会的排除という意味の「参加の欠如」のほうが切実になっている。

ただ、同時に確認しなければならないのは、このような「社会参加」、「労働参加」という用法においては、一九六〇年代、七〇年代の参加の用法とは意味が大きく変容していることである。以前であれば、社会の「下」から、政治の「上」層における決定に影響力を行使しようとする上下の線が軸だったとすれば、社会的包摂の議論においてはある社会関係の「内」と「外」の境界線が争点となっている。しかも参加のベクトルについても、相違がある。市民参加の場合、マージナルなところから権力の中心に対して訴えが発せられていた。これに対して社会的包摂の場合にはむしろ、社会関係の内にいる者たちのほうから、排除され、放り出されてしまっている人びとの包摂が目指されている。

一九六〇年代後半の参加が、権力——いくぶん実体的にとらえすぎではあるが——に対するプロテストという意味合いが強かったとすれば、今日、問題になっている参加は、批判や異議申し立てというよりは、分断され、孤立化された状況を「修復」するという意味合いを強くもっている。したがってかつて政治参加が、行政や政府に抗してなされていたとすれば、今日「参加」を呼びかけているのは、どちらかといえば行政の側である。あるいは今日の行政は、パブリック・コメントなども含めて、すでに内部に参加を取り込んでいる。

いうまでもないことではあるが、もちろん今日でも、権力に対する批判や異議申し立てのデモや運動はあるし、それは有意性を失っていない。特定秘密保護法の審議の過程においても、街頭での運動や世論の動向に、政府はかなりの神経を使い、配慮をすることになった。しかしこうしたかたちの参加だけでなく、むしろ行政に参画するかたちでの非抵抗型・協調型の参加が登場し、そしてそれがますます支配的になっている。これが今日の参加をめぐる状況である。

以上、述べてきたような参加の変容は、動員とも無関係ではない。戦時動員体制のように、国家を唯一の中心として、一元的に動員が図られるならば、同質性が強制されることになる。全体主義をどのように定義するにせよ、この支配の特徴は一元的な動員である。これに対して、複数の政党、あるいは労働組合、NPOなど、社会のさまざまな勢力が多元的に動員を図っている状態は、多元主義的な政治理論からすれば、肯定的にとらえられる。六〇年代、七〇年代の参加は、国家によって独占されていた公共性を、さまざまな立場から相対化し、そして抗争性を浮かび上がらせながら、あらたな公共性を組み上げようとする試みとして理解することができる。

これに対して社会的包摂の議論における動員の場合は、多元性や抗争性の比重が相対的にかなり低くなっている。たとえばEUは、貧困と社会的排除に対して一九九〇年代後半から、きわめて積極的な姿勢を見せている。二〇〇〇年九月の欧州理事会（ニース）では、「すべての関係者を動員すること」mobilising all relevant actorsが目標の一つとして盛り込まれた。現今の状況に鑑みるとき、こうした試みの意義はしっかりと確認されるべきであろう。しかしこれによって、アクター間の関係は脱政治化され、しかも「本来は多次元的であるはず」の「『社会への包摂』が「労働市場への包摂」へと切り詰められかねない危険性」がないとはいえない（中村 2002: 60）。労働や雇用への参加が大事なことはいうまでもないが、そうした包摂としての参加に、包摂する側の論理を批判的に問い直し、揺さぶる余地がどれほどあるのか、という問題である。この点において、かつての市民参加が有していた多元性や抗争性の契機は後景に退きつつある。[8]

（3）「新しい公共」

社会的包摂の議論において変容した参加と動員は、いわゆる「新しい公共」論とも関係している。「新しい公共」論は、公共性は「官」の独占物ではなく、NPO、ボランティア、民間企業、地域住民との〈協働〉が大切であるとする（今村 2000）（名和田 2007）。この語は、「行政改革会議最終報告」（一九九七年一二月）で用いられて以降、行政の現場で多用されるようになり、鳩山内閣では内閣府に、「新しい公共円卓会議」が設置された。そこで採択された「新しい公共」宣言（二〇一〇年

（8）似たようなことは、社会保障給付の条件として、就労や積極的な求職活動を求める「アクティベーション（活性化）」にもいえる（宮本 2009）。

六月四日）には、次のように書かれている。

明治以降の近代国民国家の形成過程で「公共」＝「官」という意識が強まり、中央政府に決定権や財源などの資源が集中した。近代化や高度成長の時期にそれ相応の役割を果たした「官」であるが、いつしか、本来の公共の心意気を失い、地域は、ややもすると自らが公共の主体であるという当事者意識を失いがちだ。社会とのつながりが薄れ、その一方で、グローバリゼーションの進展にともなって、学力も人生の成功もすべてその人次第、自己責任だとみなす風潮が蔓延しつつある。

こうした現状分析のもと、「人々の支え合いと活気のある社会。それをつくることに向けたさまざまな当事者の自発的な協働の場」として、「新しい公共」が提起されている（新しい公共円卓会議 2010）。このような議論が出てきた背景として、以下の四点を挙げておきたい。

まず、官僚主導体制、とりわけ中央官庁に対する、人びとの強い不信である。もちろん六〇年代の参加デモクラシーの時代においても、「官」、あるいは行政やテクノクラートへの批判とその相対化のモチーフは基底にあった。この意味で「新しい公共」論は、市民参加の延長線上に位置づけることができる。しかしこれに加えて、とりわけ一九九〇年代からの「官の不祥事」によって、行政不信は激しさを増すことになった。あるいは新自由主義と結びついたポピュリズムが、「官」あるいは行政への批判を亢進《こうしん》させていると考えた方がよいかもしれない。いずれにしてもこれらの事情が絡まり合いながら、「官」による公共性の独占がいっそう厳しい眼にさらされることになった。

第二は、阪神淡路大震災を一つのきっかけとして、NPOやボランティアの役割の大きさが注目を集めたことである。この流れのなかで、行政に限定される傾向にあった「公的なもの」の概念が再検討され、また一九九八年には特定非営利活動促進法（NPO法）が成立した。また、こうした議論と実践は、東欧革命を契機にした「市民社会」論とも共鳴しつつ展開されたということも付記しておくべきだろう。

第三は、すでに述べた社会的排除に関係する。先の引用でも、「自己責任」論についての批判的な言及があるが、医療、教育、労働などへのアクセスが制約され、あるいは閉ざされている状況にあって、自己責任を強調することはあまりに暴力的である。こうした局面ではむしろ、自助のための条件として一定の社会関係への包摂が必要になってくる。「新しい公共」論は、こうした包摂とそれぞれの居場所づくりとも関係している。

そして第四は、財政危機と行政の効率化の要請である。社会保障費の増大などによって拡大する財政赤字に直面して、これまでの行政サービスのあり方が見直され、NPM（New Public Management）が論じられることになる。とりわけ介護保険制度の導入とともに、介護サービスに企業やNPOが深くかかわるようになってきた。こうした状況の変化は、「新しい公共」論を後押しするかたちになっている。

「新しい公共」という用語は、日本においては民主党政権で提唱されて広まったものであり、いくぶん唐突な印象は否定できない。しかし、以上四点の事情を見ると、この議論の内容はけっして突飛ではないし、また日本だけの現象でもないことがわかる。実際、イギリスではブレア政権において「第三の道」が模索されたが、ここでもコミュニティが注目され、そこにおけるボランティアの活性化が強調された（菊池 2004）。ブレアは次のように述べている。

すべてを計画し調達してきた多目的な自治体の時代は過ぎ去った。そういう時代は終わったのである。公的な代理機関、民間企業、コミュニティ・グループ、そしてヴォランティア組織などとの協力において、地方政府の将来はある。地方自治体はなおサーヴィスを提供しつづけるであろうが、彼ら固有のリーダーシップは、さまざまな地方の構成員の貢献と共同していくことである（小堀 2005: 127 より引用）。

また、ドイツでも近年、「市民活動」Bürgerschaftliches Engagement という語が用いられるようになり、二〇〇二年にはドイツ連邦議会「市民活動の将来」調査委員会の報告書が出されている（Enquete-Kommission 2002）（坪郷 2006）。いずれの場合においても、行政機関による公的なサービスのあり方が相対化され、地域や福祉関連企業、ＮＰＯやボランティアなどとの〈協働〉が推奨されている。

このような動向は、一方では、参加の進展として評価できる。行政が住民の意向とは無関係に、さまざまな事業を遂行してしまうという光景は少なくなっている。しかし同時に、「上から」「市民社会のエートスを呼び起こそうとする試み」にともなう「奇妙さ」をどう考えたらよいのか、という疑問もつきまとってくる（Offe 2004: 46=176）。参加とは「下から」の自発的な運動であるという、先に確認した一般的な定義からすると、こうした「上から」の参加への呼びかけを、どのように考えたらよいのか。少なくともこうした参加の用法は、六〇年代後半の時点での参加とはかなり異なっており、こうした意味での参加はむしろ動員の論理に組み入れられているとすらいえるかもしれない。(9)

また、「新しい公共」における参加については、新自由主義的なイデオロギーのもとで推し進められたＮＰＭを補完する、公的な不払い労働ではないのかとの批判もある。(10)あるいは、フーコーの新自由主義における「統治性」の議論を参照することによって、「ネオ・リベラリズムと接合したコミュニタリアニズム」として、近年のこのような動向を説明しようとする議論にも、説得力を認

（9）周知のように、ロバート・ダールはデモクラシーという概念をめぐる混乱状態を整理するために、「ポリアーキー」という語を提唱した。これは、「公的異議申し立て」と「参加（包括性）」の二つの軸を組み合わせることで成り立っている（Dahl 1971）。この二つの契機を組み合わせるというのは、一九六〇年代後半からの政治理論の状況をよく反映していると解釈することができる。逆にいえば、「異議申し立て」の契機を弱めつつ「参加」の質的拡大が図られている現状は、「ポリアーキー」ではうまく把握できない。

めないではいられない（Beck 2001）（渋谷 2003）。

5 「よそ者」の参加

一九六〇年代後半の参加の議論においては、人びとの訴えに耳を貸さず、しばしば高圧的に振舞うテクノクラートとの対抗関係において、参加が語られることが多かった。しかし今日、そうした横暴な権力は鳴りをひそめ、人びとに寄り添い、あるいはすり寄るような権力が前景に出てきている。

ポピュリズムにしても、社会的包摂にしても、「新しい公共」論にしても、全否定するならば、それらのよい意味での可能性をも塞いでしまうことになる。しかし、これらをあまりにオプティミスティックに賞賛するならば、そこに働いている権力の機制に対して無防備になってしまう。今日、参加と動員を考えるとき、この緊張関係に自覚的でなければならない(11)。

ここでは最後に、こうした局面において重要だと思われる点に言及して、むすびとしたい。問題にしたいのは、近年の参加についての議論が脱政治化する傾向にあり、それとも関係して想定されている参加のあり方が平板になるおそれがあることである。

当然のことながら、政治参加は「普通の人びと」への包摂に限定されないし、また参加の仕方も多様でありうる。たとえば、ゲオルク・ジンメルは、「今日来て明日とどまる人」である「よそ者」

Der Fremde についてのエッセイのなかで、「よそ者の客観性」に言及している。「部外者」として「外」からやって来て、ぎこちなく「内」に暮らす人だからこそ確保できる「客観性」がある。それはけっして「非参加」Nicht-Teilnahme ではなく、「一つの積極的かつ特別な参加のあり方」eine positiv-besondre Art der Teilnahme である、と彼は述べる（Simmel 1999a: 764, 767 = 1999: 248, 252）。その社会の周縁からではあるが、しかしそうした立ち位置からしかできない参加があり、またその意義はけっして過小評価されるべきではないという。

このことは、「意識的パーリア」に注目したハンナ・アーレントの議論ともつながってくる。パー

（10）もちろん今村都南雄が指摘するように、公共性が行政の独占物ではないという「市民的公共性」の理念は、財政危機を背景とした「行政の効率化」とは本来、別のものである。したがって両者ははっきりと区別される必要がある（今村 2009: 238-239）。しかし、現実にはしばしば前者は後者のための方便として、つまり「行政のアウトソーシング」の論理として使われているということも、否定できないであろう。ここでも、新自由主義の論理による「絡めとり」が確認できる。

（11）この章のもとになった原稿は、『アクセス デモクラシー論』（二〇一二年）に寄稿したものである。しかし、その後、ここで示した危惧はオリンピックを控えていっそう明白になっているように見える。「スポーツ庁と文部科学省は二六日、二〇二〇年東京五輪・パラリンピックの期間中にボランティアに参加しやすいように全国の大学と高等専門学校に授業や試験期間を繰り上げるなど柔軟な対応を求める通知を出した」（『毎日新聞』二〇一八年七月二七日）。「学徒動員」とまではいわないにしても、ここでの「参加」からは「抵抗」の契機がほぼ完全に消えている。

リアは「賎民」を意味する語であるが、彼女はより広く、むしろ積極的な意味をパーリアに見た。「世界」に対して「抵抗者」として現れながら、そうすることによって複数性を確保することに貢献するという「参加」のあり方がある（Arendt 1976b = 1989）[12]。幅広い参加が認められ、政府によってさえそれが推奨されている状況であるからこそ、参加のあり方が切り詰められることに注意深くならなければならない[13]。

（12）高度経済成長期における社会の変容にともなって消失する「抵抗」を問題にしたのが、藤田省三だった。「離脱の精神――戦後精神の一断章」（一九七八年）で、藤田は次のように書いている。「本当の精神的な勇気とは、それが精神である以上、組織的戦闘行為に加わって人一倍の勇敢さを示す場合よりも、むしろ団体権力の圧迫と衆を恃んだ便乗的批難とに抗して敢えてそこから離脱する決心をする場合にこそしばしば現われ出るものである。〔…〕離脱の精神を含まぬ単純な「参加」主義は、「翼賛」という名に代表される左右大小の追随主義を産む」（藤田 1997a: 255-256）。松下圭一と対比しながら、藤田について論じた研究として（趙 2017）がある。藤田の「抵抗」が今日、不人気な事情については（野口 2018c）も参照。

（13）本章で論じてきたような参加の切り詰めが進むなかで、（山本 2016）は特定の「アイデンティティ」に括られず、また定まらない「不審者」に注目している。

第九章　「なんちゃらファースト」と悪

「アメリカ・ファースト」や「都民ファースト」など、最近「なんちゃらファースト」という表現が使われるのをよく耳にする。あるユニットの利益を最優先にしようという、この標語が流行るというのはどういうことなのか。本章では、マックス・ウェーバーの合理性論を参照しつつ、「なんちゃらファースト」と悪について考えてみたい。

1　「なんちゃらファースト」の二つの問題

功利主義者のベンサムはある特定の人やその取り巻きにだけ利益が分配される状況を指して、「悪意ある利益」sinister interest と呼んだ。こうした「利益」に彼が対置したのが「最大多数の最大幸福」だった。同じように、一部の人への利益の偏重という悪を是正しようとするとき、「なんちゃらファースト」という標語が問題を言い当てるのに有効な状況というのは考えられる。今日、この標語がある程度、人びとの支持を獲得しているとすれば、利益配分の偏りに不満や怒りをもっている人がそれだけ多いということだろう。

しかしながら「なんちゃらファースト」の論理には、もちろん大きな問題もある。ここでは次の二点に限定して論じたい(1)。

ある集団の利益を最優先にするというときその「利益」はそれほど一義的なのか、というのが一点目の問題である。「国益を守るためには防衛費の増強が不可欠だ」と主張する人がいる。こういう立場からすれば、日本を取り巻く厳しい状況を考えれば当然、防衛予算を増やすべき、ということになる。しかし近隣諸国がお互いに不信感をもち、お互いに軍拡競争に走るリスクを警戒すべきだ、と考える人もいる。こうした立場からすれば、前の論理はかえって「国益」を損なうものに見える。

ある特定の政治ユニットの利益を極大化すべしという議論は、その「利益」が一義的に決定されうる、という前提のもとで成り立つ。しかしこうした前提はかなり例外的な事態においてしか成り立たない。原発にしても、沖縄米軍基地にしても、共謀罪にしても、「ファースト」に考えるべき「利益」のとらえ方は分裂している。そしてこれはもちろん国レベルの決定だけのことではない。「なんちゃらファースト」という言葉が流行り、それなりに受け入れられているということは、それなりに理に適った基準や考え方が複数あり、それらのあいだにはなかなか決着のつけられない価値の争いがあるという現実への感度が下がっている、ということでもある。そして多元性に対するこうした感度の低下は、ヤン＝ヴェルナー・ミュラーが強調するように、「道徳的に純粋で完全に統一された人民」を想定することで成り立つポピュリズムの前提でもある（Müller 2016: 19＝2017: 27）。

二つ目は、そもそも「自分たち」の利益が最大化されれば、それでよいのか、という問題である。アウグスティヌスの『神の国』（第四巻第四章）に、「盗賊団の正義」という話が出てくる。盗賊団という表現にリアリティがなければ、オレオレ詐欺のグループを思い浮かべてみるとわかりやすいかもしれない。たとえオレオレ詐欺の仲間でも、うまく利益を上げるには、信頼、責任、誠実などの美徳がその内部の構成員になければならない。しかし、そうした美徳によってそのユニットの利益が極大化することは、それ以外のほとんどすべての人たちにとっては悪の増大を意味する。「なんちゃらファースト」の政治は「なんちゃら」（オレオレ詐欺グループ）の悪をすっかり見えなくし、それどころか正当化さえしてしまう。

（1）「アメリカ・ファースト」というフレーズは、単独で大西洋横断飛行に成功したことで知られるチャールズ・リンドバーグに由来する。彼のナチズムとの近さについてなど、検討すべき点は多々あるが、ウェーバーの合理性論を中心に考察するこのエッセイではこうした論点に立ち入ることはできない。

2　マックス・ウェーバーの合理性論と悪

以上の二つの問題はいずれも、マックス・ウェーバーの合理性論につながっている。彼はしばしば近代の「合理主義」を論じた社会理論家だといわれるし、その理解は間違いではない。しかしこのように定式化をすると、二一世紀にもなっていまさら「近代」とか、「近代化」がどうのという話ではないだろうとの印象を読者に与えてしまうかもしれない。しかしながら、ウェーバーはヨーロッパ近代の「普遍的な意義と妥当性」を論じる一方で、さまざまな観点における「複数の合理性・合理化」を論じている。経済的な合理性など、一般の用語法においても理解しやすい合理性だけでなく、「儒教的な合理主義」や「神秘的瞑想の合理化」といった表現まで使っている。彼の場合、普遍性への関心と複数の合理性論は矛盾せずに結びついている。

ウェーバーの著作において合理性は、なんらかの点で「理に適った」、「筋が通った」連関が認められるというくらいの、ゆるやかな意味で使われている。さまざまな基準の合理性があり、それらは食い違い、対立することがある。そしてある合理性の基準からすれば合理的でも、それは他の基準からすれば非合理なこともある、と彼は指摘する。『法社会学』などで論じられる「形式合理性」は近代社会の重要なメルクマールではあるが、それが彼の議論のすべてではない。

ウェーバーの合理性論は悪についての議論としても展開することができる。非合理性に悪を見いだす議論があるが、これはウェーバーの議論とは異なる。なぜ日本があのような非合理な戦争に突入し、かつそれを止めることができなかったのか、という問題設定をするとき、合理的な計算を軽視する精神論など、日本の軍隊を覆っていた非合理性こそが悪ということになる。しかしそれに対しては、合理的な戦争遂行をして敵に勝てばそれでよかったのか、という反論が出てくる。優秀な軍事指導者が冷静な大量殺戮者であるということはよくある。こうした場合、これをどう判断したらよいのか。

ウェーバーの議論は、一義的な「the 合理性」を前提にせず、むしろそれを相対化するところに特徴がある。ある立場から見て合理的なものも、別の合理性の基準からすれば非合理になる。戦争で勝つという基準における合理性は、その他多くの基準での合理性と対立する。また戦時におけるナショナルなユニットへの献身は、ボーダーを越えていく隣人愛と真っ向から衝突する。こうした複数の基準の食い違いに目をつぶり、自らの立場の基準でのみ話をし続けると、その合理性が独善的に他の合理性を損なうことになる。

もちろんテロは卑劣な悪である。したがって悪いことは悪いとしっかりいわなければならないというのも正しい。しかし悪と戦うと称する側が徹底的に敵を殲滅《せんめつ》しようとするとき、それが別の意味での悪を生み出すということはないだろうか。敵に対するこのような向き合い方は相互のコミュニケーションの可能性を断ち、「敵」をさらなる暴力に追い込むことにもなるかもしれない。ウェーバーは複数の合理性概念を駆使することで、複数の悪の加減を議論できるようにした。「責任倫理」と「信条倫理」という有名な対概念は、こうした合理性論の一つの展開である。彼にとっては、悪を世の中からすっかり取り除くことは不可能であり、「悪さ加減」を相対的に少なくしようとすることが彼の倫理的な要求となる。

特定の、それなりに筋の通った考え方(「合理性」)をもつ仲間以外とのコミュニケーションが、近年ますます難しくなっている。とりわけネットの世界では、集団的な分極化が起きやすく、それは「サイバー・カスケード」と呼ばれる。敵対する人たちは嘘つきで、事実を捏造していると、相互に非難し合う。自分たちの立場の論理的整合性が高まればそれだけ、つまりその意味での合理性が高まればその分だけ、違う立場の声は「非合理」なノイズにしか聞こえなくなる。そしてそうしたノイズを消すことが「正しい」ことに思えてくる。このような言論状況を考えると、現代の悪は、自分の合理性の基準でしか語らない、あるいは語れないということに宿る、といえる。官僚制的な行政は、つねに一定の「合理性」に準拠しようとするし、それに対する「説明責任」も求められる。しかし、ある基準で「合理的」であれば、それで責任が果たせているというわけではない。「合理的」であればあるほど、それによって踏みにじられるものが出てくる。ウェーバーによる複数の合理性の議論はこうした意味での悪に光を当てる。そして「なんちゃらファースト」には、こうした意味での悪をあまりに無邪気に生み出してしまう危険性がある。

3　大塚久雄と「前期的資本」

かつて日本で熱心にマックス・ウェーバーが読まれていた時代には、「なんちゃらファースト」が孕む悪はいまよりはるかにはっきりと認識されていた。(2) 大塚久雄はウェーバーのテクストからヒントを得て、一部の商人や高利貸しが封建的な政治権力と結託して利益をあげるという「前近代的」な形態を指して、「前期的資本」と呼んだ。この概念について、丸山眞男は大塚への「弔辞」で次のように書いている。

大塚さんには私の徳川儒学思想史の研究の過程において、元禄町人の社会的地位について、ヨーロッパの資本主義発展における、商業高利貸し資本の暴利資本主義と、正常な利潤を基礎とする資本主義とを峻別されたことに、甚大な影響を受けた。いわゆる町人及び町人精神とヨーロッパのブルジョワ精神とを同視する風潮、したがって日本は既にブルジョワ精神の段階を克服しているというような日本の学界の一部の見解に対して激しい違和感を持った（丸山 1996b: (16)-259）(3)。

（2）東京オリンピックが開催され、ウェーバー生誕一〇〇年記念のシンポジウムが開催された一九六四年が、一つの転換点だったように思われる（野口 2016b）。

特権をもった商人やその取り巻きが「自分たちファースト」で利益をあげればあげるほど、健全な資本主義経済の成立は阻害される。真面目にいい商品なんか作っても報われないので、政治権力に擦り寄って媚びることにもなる。そしてもちろん、「前期的資本」における「媚び」の問題は、今日の行政における、いわゆる「忖度」の問題でもある。(4)

「なんちゃらファースト」のような実利的な合理性を「普遍主義」によって克服することが、大塚の課題だった。もちろん普遍的なヨーロッパ近代に歪んだ日本の近代化を対置する議論には、今日多くの人が違和感をもつだろう。ヨーロッパ近代の暴力的な側面へのポストモダン的な懐疑は、今日広く共有されている。いわゆる「戦後啓蒙」の議論には、「the 合理性」や「the 近代」という比較的強い想定がある。こうした想定はウェーバーの複数の合理性論を軽視させてしまい、ウェーバー解釈として問題がないとはいえない。しかし、今日、彼らが共通して保持していた普遍志向が弱まるなかで、かなり赤裸々な実利志向のパティキュラリズム(特殊主義)が前に出てくることになった。(5)「なんちゃらファースト」の流行はその結果である。日本の大学でマックス・ウェーバーが読まれなくなってきたことと、このようなパティキュラリズムが前にせり出してきたことは、明らかに相関している(野口 2016b)。

「なんちゃらファースト」という表現が使われたら、面倒臭がらずに次のことを問わなければならない。それがどのような意味の合理性の基準で語られているのか。その基準に一貫性はあるのか(無原則に僭主的リーダーのお気に召さないものが「悪」と名指されていないか)。その立場はどのような（別の）合理性と対立しているのか。端的にいえば、なにを踏みにじっているのか。そのような省察がなされなくなればそれだけ、「なんちゃらファースト」という標語のもとで、「抵抗勢力」が「足を引っ張るようなひどいことをしている」という見方が強化され、（自分たちの）合理性を振りかざす悪はその色を濃くしていく。

（3）大塚久雄と「前期的資本」に関しては、（恒木 2013）を参照。
（4）「忖度」については、（『朝日新聞』二〇一七年四月三〇日）（野口 2018b）、および本書、第一一章を参照。
（5）大塚久雄だけでなく、法学者の川島武宜についても、同様の趣旨のことを論ずることができる。日本におけるウェーバーの法社会学の受容に関連して、川島の「普遍主義」について論じたものとして（Noguchi 2017）がある。（野口 2014b）も参照。

V　キャッチ・オール・パーティと忖度

第一〇章　官邸主導のテクノクラシー(1)

――キルヒハイマーの「キャッチ・オール・パーティ」再論

1　二〇一四年一二月総選挙

民主党政権の崩壊から第三次安倍内閣へと至る道程で、政権を特徴づけるキーワードは「決められない政治」から「決められる政治」（あるいは「決めすぎる政治」）、そして「この道しかない」へと変わってきた。

もちろん「アベノミクス」の是非が問われた二〇一四年一二月選挙において、安倍・自民党がいくら「この道しかない」と主張しても、「それ以外の道」を唱える政党がなかったわけではない。そして当然のことながら、「アベノミクス」以外の重要な争点がなかったわけでもない。原発再稼働にしても、特定秘密保護法の施行にしても、集団的自衛権の行使にしても、ＴＰＰにしても、歴史認識をめぐる諸問題にしても、メディアのアンケート結果が示しているのは、「世論」の分裂である。とくに原発などの案件については、政府の方針に反して慎重な意見のほうがはるかに多い。しかしこうした諸価値の分裂にもかかわらず、「この道しかない」と言い切った自民党が大勝し、「国民の信」（レジティマシー）を得るかたちとなった。「反知性主義」には諸々のアプローチがありうる。[2] 本章ではこれを〈さまざまな価値の対立を顕在化させずにレジティマシーを確保しようとする試み〉との関連で考察したい。議論されるべきことがなぜか議論されず、あるいは当然なされるべき検討がなぜか停止されてしまい、しかしそれにもかかわらず、あるいはむしろそれゆえにレジティマシーが成り立っているように見えるとすれば、そこにはそれを可能にする一定の論理と技法があるはずである。

〈「インテリ」は世界を無意味なまでに複雑に描き出し、そして価値の対立を前にして決断できず、ただ優柔不断になるだけだ〉という非難は典型的に反知性主義的な言説であるが、ここには、少なくともある種の実務家にアピールする説得力がある。そして社会の複雑化と価値の多元化を前にして、比較的単純な「良識」や「民意」、あるいは「本気」などを押し出すことによって事態を突破しようとする政治アクターは反知性主義的であるかもしれないが、それでも彼らが支持されるのにはそれなりの理由がある。複雑性と多元性に抗しつつレジティマシーを確保しようとする必要と動機があり、そこに考察の焦点を合わせなければならない、というのが本章の出発点となる仮説である。

二〇一四年一二月総選挙では、結果からすると、諸対立を見えなくさせつつレジティマシーを確保しようとする、自民党の試みが成功した。なぜ、このような試みが可能になり、かつ成功したのか。以下、レジティマシー（正当性／正統性）という政治学の基本概念をいま一度整理し直しながら、「決められない政治」から「決められる政治」、そして「この道しかない」へと至る理路をたどってみたい。

なお、この考察では、政治学者のオットー・キルヒハイマー（Otto Kirchheimer, 1905-1965）にたび

（1）本章はもともと『現代思想』二〇一五年二月号「特集＝反知性主義と向き合う」に寄稿したものである。当初のタイトルは、「〈官僚なきテクノクラシー〉の反知性主義――キルヒハイマーの「包括政党」再論」だった。しかし、「官僚なきテクノクラシー」という表現がわかりにくいので、本書では「官邸主導のテクノクラシー」に改めた。ただし、問題にしようとしている点に変化はない。

（2）近年とりわけドイツで議論されている「ニュー・リアリズム」（新実在論）Neuer Realismusを、反知性主義に関する理論の一つとして挙げることができる。彼らの一つのモチーフは、構築主義的な「反知性主義」への批判にある。構築主義的な知のあり方が、自分に都合のよい「世界」を語り、また自分に都合のよくない「世界」を無視することを助長しているのではないかという危機意識のなかで、いまいちど「リアリズム」への関心が出てきている（野口 2014a）。もちろん、この分野では（Gabriel 2013＝2018）が注目を集めているが、政治学者としては、ベルルスコーニのポピュリズムと哲学的に対峙しようとしてきたイタリアの哲学者マウリッツィオ・フェラーリスの著作から学ぶことが多かった（Ferraris 2014）（Wenzel 2014）。なお、ガブリエルとフェラーリスに研究拠点を提供したのが、ボンにある研究所ケーテ・ハンブルガー・コレーク「法としての文化」Käte Hamburger Kolleg "Recht als Kultur"だった。ヴェルナー・ゲプハルトがディレクターで、マーティン・オルブロウが研究員として在籍するなど、ウェーバー研究の拠点の一つでもある。

たび言及することになる。彼は「キャッチ・オール・パーティ」catch-all party（日本語では「包括政党」と訳されることが多い）という概念の生みの親として知られている（Kirchheimer 1966）。しかし今日彼に言及する研究はけっして多くはない。ところが、衆議院で三分の二を占める巨大与党が存在するという現実は、キャッチ・オール・パーティについての彼の理論をあらためてアクチュアルにしている。しかも、ほとんど知られていないが、キルヒハイマーはレジティマシーとその危機についても重要な貢献をしている。本章はこうした連関にも言及しながら、この忘れ去られた政治学者にあらためて光を当てる試みでもある(3)。

2　シュミットの『合法性と正当性』

なんらかのかたちで広範に一つの権威が承認されており、また一定の宗教的な信念が政治権力を基礎づける前提として広く受け入れられているところでは、政治権力のレジティマシーが問題にされることはない。レジティマシーが問われるのは、目の前にいる権力者がなぜそのような権力を保持し、またなぜそのように統治しているのかをめぐって、深刻な疑いが生じるときである。この意味で、一つの政治ユニットにおける価値をめぐる葛藤こそが、レジティマシーという語が成立する可能性の条件ということになる。価値の争いがなければ、あるいは対立がそれほど深刻でなければ、そもそもレジティマシーは問題にならない。

すでに第四章でも論じたように、レジティマシー概念を一つの中心概念としたのが、マックス・ウェーバーであった。これは、この文脈においてけっして偶然ではない。彼は近代における価値の対立(「神々の闘争」)を真正面から引き受けた社会科学者であり、そうであるからこそレジティマシーを支配に関する考察の中心に据えた。「伝統」「カリスマ」「合法」という、彼の定式化した三類型は、社会科学者の共有財産の一つになっている。とはいえ、この三類型論には多くの批判が投げかけられてきた。なぜこの「三つ」なのか(Strauss 1953: 57 = 2013: 91)、あるいは「被治者たる人民の参与」を組み込むことに失敗しているのではないか(丸山 2014: 112)、といった疑問がそれである。また、リベラル・デモクラシーの政治体制へと政治学の考察対象が限定されていくなかで、ウェーバーの歴史的・文化比較的な視座はもはや検討されなくなってきてもいる。(4)

こうしたなかで、ウェーバーを引き継ぎながら、リベラル・デモクラシーと対峙したカール・シュミットによるレジティマシーについての考察『合法性と正当性』*Legalität und Legitimität* は、今日でも標準的な議論の型を提供している。(5) 彼のこの著作を知らなくても、合法性とレジティマシーを二

(3) キルヒハイマーについては、「方法論」をテーマにしたセッションではあるが、二〇一七年度の日本政治学会で報告したことがある(野口 2017)。
(4) しかしながら、ウェーバーのレジティマシー論に関する一般的な理解は、彼の問題の深度にいまだ届いていないように見える。(水林 2007)を参照。

項対立的にとらえる図式は、多くの政治観察者に影響を与えている。議会不信を唱える論者は知らぬ間に、シュミットの構図に吸い寄せられていることも多い。

周知のようにシュミットは、ルソーを引用しながら、デモクラシーを「治者と被治者の同一性」として定義する（Schmitt 1993: 234 = 1974: 272）。そして、この定義から「合法性と正当性（レジティマシー）」のズレを問題化する。「合法性」によるレジティマシーの確保は「議会の多数派と同質的な国民の意志の一致に対する信頼」を前提にしているが（Schmitt 1998: 26 = 1983: 36）、ワイマール憲法体制においてこの前提はもはや成り立っていないというのである。

リーガリティとレジティマシーを対置し、そのズレを焦点化するシュミットの概念戦略は、現代の私たちにもきわめて理解しやすい。議会の多数決で成立する法律の多くは、議会の外から眺めていると、中身のある議論を経ているようにはほとんど見えない。国会での「論戦」が注目されるのは、公職選挙法違反の「うちわ」の配布や不明瞭な観劇代金をめぐる大臣の辞任などをめぐってである。また、官邸前のデモがいくら盛り上がっても、その声が議会のなかに届いているとは思えない。議会の内外の議論が積み重なり、重要な論拠が提示され検討される過程で、一定の合意が形成されるという議会制デモクラシーの理念は、私たちが現実に目にしている実像とはずいぶんとかけ離れている。そのような議会で形式的に定められた手続きを通過した法案にどのようなレジティマシーがあるのか、という疑問をもたないほうが難しい。こうしたリアリティと慢性化した不満を背景にしながら、シュミットは次のように述べる。

〔多数派の〕政党はそのときどきで権力保持の合法性、とりわけ政治的なプレミアムと付加価値を利用し尽そうとする。しかし、政党はまさにこのことによって議会制立法国家の合法性のシステムを掘り崩す。そしてこの掘り崩しにしたがって、政党が遭遇するのが、立法国家の合法主義と対立する、人民投票的・民主的レジティマシーのシステムなのである（Schmitt 1998: 85 = 1983: 130）。

現代の日本でも、議会不信のなかで、機能しない議会を迂回するかたちでレジティマシーを確保する手法がもてはやされている。選挙の勝利によってレジティマシーを確保し、その後の審議を省略することを正当化する「選挙独裁」的な立場も、この流れのなかで理解できる。

そしてこうした構図を引き継いでいるのは、現代日本の「選挙独裁」だけではない。ハーバーマスの『公共性の構造転換』（一九六二年）にも、シュミットの影が色濃くさしている。各業界の利益代表を政策形成に関与させるネオ・コーポラティズムのもとで、利権と妥協による政治決定がなされる傾向に抗しつつ、ハーバーマスは「文芸的公共性」から「市民的公共性」の成立、そしてその崩壊をたどった。もちろんナチズムに接近したシュミットとフランクフルト学派のハーバーマスで

（5）本書では原則として「レジティマシー」を用いるが、シュミットの邦訳タイトルだけは『合法性と正当性』とする。

は、政治的な立場は大きく異なっている。しかしそれにもかかわらず、諸利害に引き裂かれた議会を問題化しようとする点において彼らは共通している。ハーバーマスは次のように書いている。

組織された私的利害の間の競争が、公共性の中へ侵入してくる。〔…〕今日では合理的討論の代りに、競合する利害の示威行動が現われる。公共の議論において達成される合意は鳴りをひそめて、非公共的に戦いとられ、或いは力づくで貫徹された妥協に席をゆずる。このようにして成立した法律には、たとえ多くの場合に普遍性の契機が保たれているにしても、もはや「真理性」の契機を認めることはできない。なぜなら、これが立証される場所であった議会的公共性も、すでに打ち砕かれてしまったからである（Habermas, 1990: 272-273 = 1994: 235-236）。

「組織された私的利害」によって議会が浸食されることで、レジティマシーも損なわれていく。こうしたレジティマシーの危機の描写とその構図において、シュミットと（『公共性の構造転換』初版のころの）ハーバーマスは連続している。(6)

3　キルヒハイマーによるもう一つの「合法性とレジティマシー」

シュミットの『合法性と正当性』の構図はきわめて説得的なので、私たちはしばしば彼のプリズムのもとで現実の議会政治を観察し、その体たらくを嘆くことになる。あるいは、シュミットの名前すら知らなくても、合法性とレジティマシーを対置し、そのズレを問題にする議論の仕方をしている。しかし、ここには一つの罠がある。「同質的な国民」を前提とし、それによって支えられるようなレジティマシーを基準とするならば、およそいかなる議会政治も否定的に見えてくる。意見の不一致と不毛な揚げ足取り、そして（ある観点からすると）非合理な妥協などを数えはじめたら止まらなくなる。複数の政党をアクターとして、相互に拮抗しながら互いの論拠を突き合わせ、合意を形成していく過程には、それが比較的うまくいっている場合でさえ、そもそもはじめからネガティヴな評価しか与えられない。シュミットが依拠したルソーは代議制と党派に対するもっとも激烈な批判者であった。そして彼の本を翻訳した中江兆民は政党間のなれ合いに憤慨して議員を辞職した。こうしたルソー＝シュミット的なレジティマシー概念を用いて思考し続けるかぎり、政党政治にはおよそ積極的な意味は見いだしえない。ここにシュミット的な思考図式の罠がある（早川 2014）。そしてもちろんシュミットはこの図式の政治的な効果を知っていたはずであり、それを意識的に用いている。

（6）シュミットとフランクフルト学派の関係については、エレン・ケネディの有名な論文がある（Kennedy 1986＝1987）。ただし、シュミットとハーバーマスにおける議会主義批判をあまりに単純に重ね合わせてしまうと、重要な差異が見失われてしまう。シュミットとハーバーマスの議会主義批判については（Becker 1994＝2015）を参照。

シュミットの『合法性と正当性』と同じ年に、しかもそれに先立って発表されたオットー・キルヒハイマーの同名の論文「合法性とレジティマシー」（一九三二年）と比べてみれば（Kirchheimer 1932）（Kirchheimer 1967＝1996）、シュミットの議論の特徴が見えてくる。キルヒハイマーはシュミットがボン大学法学部で教えていたときの学生で、ラインハルト・メアリンクが「伝説的なゼミ」das legendäre Seminar と呼ぶことになるゼミに中心メンバーとして参加していた（Mehring 2009: 177-180）。キルヒハイマーは一九二八年に「社会主義とボルシェビキ主義の国家論」によって博士号をとる。ユダヤ人の彼はナチ時代にアメリカに亡命することになるが、その後もシュミットとの関係は断続的に続いていた[7]。

この論文でキルヒハイマーは、政党政治の腐敗、汚職、無責任、そして無内容な党派の妥協を皆が嘆いている状況を確認したうえで、次のように問いかける。

> しかし、この社会秩序は自らのうちからレジティマシーを構築できず、理想化された過去という見せかけの輝きによって現在のレジティマシーを否認せざるをえなくなっている。こうした社会秩序はそれが実現する前にすでに失敗を運命づけられているのではないか（Kirchheimer 1967: 27＝1996: 59）。

当時、若きキルヒハイマーは社会民主党ＳＰＤ左派の立場で活動していた。資本主義的な階級対立を前提にし、それを放置したままで、議会制デモクラシーによってレジティマシーを構築しようとしても、それはムリな注文である、と彼は考えた。私法の領域が自律化し、公法の論理の制約を受けなくなることで、憲法体制の矛盾は架橋しがたいまでに拡大する。こうして議会における合法性では、レジティマシーは確保できなくなるという。

しかしながら、キルヒハイマーの論文には、人民投票的な指導者によるレジティマシーの調達という話は出てこない。彼が示したのは、資本主義体制のもとで利害とイデオロギーがきびしく対立する社会における「レジティマシーの危機」という認識だけである。こうした認識を共有したうえで、ワイマール憲法体制の政党政治を切り崩し、大統領の独裁へと方向づけしようとしたのが、シュミットの『合法性と正当性』だった。

今日の運用の究極的な根拠は、現実の国家生活において、立法者自身が、法律 Gesetz と措

(7) シュミットとキルヒハイマーの関係はもちろん難しい。この難しさをもっとも深刻に受け止めなければならなかったのが、シュミュトの政治理論に関する研究書『例外の挑戦』で知られるジョージ・シュワーブだった。彼がコロンビア大学に提出した博士論文 *The Challenge of the Exception* は、審査員の一人であったキルヒハイマーによって却下され、それはキルヒハイマーの早すぎる死去のあとでようやく刊行された。英語やドイツ語ではいくぶん遠慮がちに記述されているが、このあたりの事情についてもっとも率直に書かれているのは「日本語版への序」である(シュワーブ 1980: 1-26)。

置Maßnahmeとの内的区別をとっくに放棄してしまっているという点にある。今日では、自らの議決した法律が「永久に」妥当するであろうと、本気で信じている議会の多数派は、まず存在しないだろう。あまりに異常であるため、法律的規範設定が以前の性格を失って、たんなる措置になる。〔…〕措置の運用のなかで現れてくる行政国家では、「独裁者」Diktatorのほうが、執行部から分離された議会よりも、むしろ適合的で本質に即している（Schmitt 1998: 80-81＝1983: 122-123）

『合法性と正当性』はヒトラーの政権掌握の前年、一九三二年の著作である。(8) ここでシュミットは、法律Gesetzと措置Maßnahmeの区別が成り立たないとする。レジティマシーは合法性の制約から切り離されて、その時点での「必要」に基づくことになる。そしてそのレジティマシーを担うのは当然、立法機関である「議会」ではなく、行政を掌握する「独裁者」ということになる。

4　「レジティマシーの危機」と官僚制の支配
——キルヒハイマーからハーバーマスへ

「レジティマシーの危機」は、オイルショックによる経済成長の鈍化を背景とした福祉国家の危機という事態において、一九七〇年代によく使われたタームである。財政難から福祉水準を下げればそれに対する不満が出るし、水準を保つために増税すれば、それはそれでもちろん反対を受ける。いずれにしても政治システムへの大衆の忠誠心 Massenloyalität は低下する。(9)

ハーバーマスの『後期資本主義における正統化の問題』は、この分野の代表的な研究として知られている。「レジティマシーの危機」に直面すると、当然のことながら危機を回避する技法が発達する。ハーバーマスはこの文脈でテクノクラート的な支配について述べる。

テクノクラート的な意識は、難しい状況における隘路をいかんともしがたいシステムの必然性のせいにする。福祉国家的な目標設定が、こうした広くいきわたったテクノクラート的な意識と結びついて、十分な程度の国民の私生活主義 Privatismus を維持しているかぎりは、レジティマシー Legitimität の窮乏はかならずしも危機にまで先鋭化しないですむ（Habermas 1973: 104 = 2018: 134）。

（8）大竹弘二は、カール・シュミットにおける重心が、一九三〇年代の危機の時代に「主権」から「統治」に移行したとし、法の執行がその法を超えてしまうという「例外状態が今日の政治のパラダイムになりつつあるという認識」を示している（大竹 2018: 10）。

（9）（野口 2011a: 3章）を参照。なお、同じ事態を別の方向から問題にしたのが、「統治能力（ガバナビリティ）」論だった（Crozier et al. 1975 = 1976）。いずれにしても、政党のキャッチ・オール・パーティ化と、それに対する不満が「危機」の背景にある。

「レジティマシーの危機」は、価値をめぐる争いに決着がつかず、なにをしてもどちらかの陣営から反発と不満が出てくるために生じる。この対立状況を引き受けることは、ときの政権にとっては大きなリスクになり、場合によっては致命傷にもなりかねない。これを避ける一つの方策は、どの政党でも、どの立場でも「この道しかない」というかたちで経済政策的、あるいは社会工学的な必然性を前面に押し出すことである。このときの「テクノクラート支配」とは「公的官僚制の決定行為がもはや合意に基づくことを志向せず、主として技術的に解釈された〔コンフリクトの〕回避という至上命令によって規定されるようになる」ことを指す（Offe 2006: 48 = 1988: 32）。人びとが議論するなかで形成する「合意」にではなく、社会・経済的な「必然」に依拠する「この道しかない」という表現は、「強いリーダーシップ」というよりは、むしろ「テクノクラート」の典型的なセリフである。官僚による専門知識に基づく経済政策によって一定の経済水準を保つことで、政治的・党派的な分極化を押さえ込み、あるいは大きな政策変更や政権交代はいまの株価を急落させかねないと不安を煽ることで、選択の余地を切り詰めていく。これは「レジティマシーの危機」を回避する典型的な技法である。[10]

ハーバーマスの「レジティマシーの危機」論は、キルヒハイマーの「合法性とレジティマシー」を忠実に継承している（Thornhill 2000: Chap. 3 = 2004: 3章）。レジティマシーの危機がテクノクラート支配を持ち上げることになり、そうすることで危機を回避するというのは、まさにキルヒハイマーが指摘していることである。

今日ドイツで、あらたなレジティマシーを有する権力の支配が始まっている。階級によって分かたれたデモクラシーの困難は、立法国家の無能という今このときに、プロの官僚層の権力地位をまさに中心へと押し上げたのである（Kirchheimer 1967: 8 = 1996: 45）。

すでに言及したように、政治学の分野においてキルヒハイマーはいわゆる「キャッチ・オール・パーティ」Allerweltspartei; catch-all party という語を生み出した研究者として知られている。とくにこのタームが日本で注目されたのは、五五年体制における自民党がさまざまな矛盾する利害を無節操に包摂して肥大化し、選挙による政権交代が事実上ありえなくなり、しかもそうした事態が長く続いていたからであった[11]。こうしたキャッチ・オール・パーティは、当然のことながら、第二次大戦後の混乱が収束したあと、政治体制の脱イデオロギー化が進行する事態を背景として登場した（Decker 2011）。グローバル化と格差が拡大している現在の地点から見れば、富が平準化し、中間層

（10）「レジティマシーの危機」をめぐる議論は、クラウス・オッフェらが牽引するかたちで一九七〇年代に盛んになされた。この議論の今日性については、オッフェ自身が論考「三三年後の「構造問題」」で書いている（Offe 2006: 181-196）。今日では、「危機」回避の手法として、新自由主義的な「アカウンタビリティ」が広く用いられている。この点については、本書の第一一章を参照。

（11）ドイツ語の「国民政党」Volkspartei という概念をキルヒハイマーとの関連で考察したものに（野口 2013b）がある。

が厚くなった例外的な時期においてのみ可能であった議論ということもいえるかもしれない。またキルヒハイマーの理論に対しては、第二次世界大戦直後のオーストリア国民議会におけるオーストリア社会党ＳＰÖとオーストリア国民党ÖＶＰの大連立を、ドイツの先行モデルとして重視しすぎている、という批判もできる。

ただ、キャッチ・オール・パーティをめぐってさまざまな議論があるなかで、忘れられていることがある。キルヒハイマーはこの「包括」（キャッチ・オール）という問題を、一九五〇年代後半からの政党政治の文脈ではじめて使ったわけではない。彼はそれに先立って、「包括－行政官僚制」allumfassende Herrschaft der verwaltenden Bürokratie; all-embracing administrative bureaucracy について論じている（Kirchheimer 1967: 9 = 1996: 45）。脱イデオロギー化して、キャッチ・オールするようになった政党ではなく、イデオロギーの争いのなかで「包括」的な地位を確保していく官僚制に、彼は注目している。階級対立、イデオロギー対立が先鋭化するなかで、そうした諸党派を超越する官僚制に統合する役割がゆだねられることになる。キルヒハイマーが発見したのはこの傾向であり、ハーバーマスはこれを「テクノクラート支配」による危機回避として定式化し直したのである。

キルヒハイマーはナチス・ドイツ時代にアメリカに亡命し、フランクフルト学派の周縁で研究を継続した（Jay 1973 = 1975）[12]。もちろんホルクハイマーら、この学派の中心的な理論家たちとはずいぶん学風が異なる。しかし、ハーバーマスは初期の作品でキルヒハイマーを参照し（Herbermas 1990: 295, 298, 305, 321=1994: 273, 310, 312, 316）、『公共性の構造転換』を献本している[13]。シュミット左派のキルヒハイマーによるレジティマシーの危機論は、一方でシュミットによって、そして他方でハーバーマスによって変奏されていったのである。

5　官僚なきテクノクラートの政権

民主党政権は、「脱官僚」を掲げ、公開の場で事業仕分けを行い、沖縄米軍基地移転問題も含めて、多くの問題を提起した。これらはけっして過小評価されるべきではない。しかし、こうした「民主的」な試みによって、さまざまな対立する利害やオピニオンを調整し、一定の決断をくだしていく「負荷」が不可避的に高まることになった。すでに論じたように、民主党政権の瓦解の本質は、こうした諸対立を前にしてレジティマシーを確保できなかったことにある。[14]「脱官僚」を掲げることは正しかった。しかし、そうすることで、テクノクラート的な論理において顕在化しないできた諸

(12) 戦時中、『ビヒモス』の著者として知られるフランツ・ノイマン、『一次元的人間』を執筆することになるヘルベルト・マルクーゼらとともに、キルヒハイマーは、アメリカの戦略情報局ＯＳＳで、ナチスの体制崩壊とその後の占領政策についての秘密レポートを執筆している（Neumann et al. 2013＝2016）。
(13) ニューヨーク州立大学オルバニー校のアルヒーフに、キルヒハイマーからハーバーマスへの礼状（一九六二年一〇月六日付け）が保管されている（Kirchheimer 1962）。
(14) 本書、第二章、および（野口 2011a）を参照。

対立が覆い隠せなくなり、まさに「レジティマシーの危機」に陥ったのがこの政権であった。

こうした危機に対して国会の審議により多くの「熟議」を導入することも試みられた。しかし議論のなかでお互いが当初の「選好」を変容させながら、対立を乗り越え、一定の合意形成をするということにはならなかった。それどころかむしろ民主党政権には「ブレ」や「迷走」という負のレッテルが貼付けられ、同党の政権担当能力への不安が高まってしまった（早川 2011）。

さまざまな価値的な立場がぶつかり合うなかで、いかにしてレジティマシーを確保するか。ウェーバーは平等に開かれた評議会（レーテ）の政治が対立関係に直面せざるをえなくなると指摘しながら、次のように述べている。

> 純粋にプロレタリア的な「レーテ」Räte の労働者たちのあいだにも、平穏時には鋭い対立関係 Antagonismen が生まれるかもしれず、この対立はおそらくはレーテを事実上麻痺させるであろうし、いずれにしても利害関係者を相互に反目させて漁夫の利を占めようという巧妙なポリティクスのためにあらゆるチャンスを生み出すことになるだろう。官僚制がこの考えにきわめて好意的である理由は、まさにこの点にある（Weber 2013: 590 = 1970: 203）。

民主的な討議は必ずしも民主的な一致をもたらすわけではない。むしろそれは価値対立を顕在化させもする。あるいはむしろ、「決められなくなる」という可能性のほうが高い。このときその「漁父の利」を得るのは官僚層ということになる、というのがウェーバーの予言であった。カール・シュミットの『合法性と正当性』の図式で思考することに慣れてしまうと、レジティマシーの担い手としての官僚制が見えにくくなるが、ウェーバー、キルヒハイマー、ハーバーマスのいずれにおいても、重心の位置は微妙にズレるものの、つねに官僚制的な行政による価値対立の緩和と回避が論じられている。

民主党政権を批判しながら登場した現在の自民党政権も、こうした視角から理解されるべきである。「財務省の陰謀」や「経産省のたくらみ」といった、週刊誌の見出しになるような官僚主導が問題なのではない。そうした点において、この政権における官僚組織は目立たないといってもよいであろう。むしろ注目すべきなのは、安倍首相はじめアクターとしての政治家を動かし、あるいは彼らがそれに従っている準則が、キルヒハイマーのいう「包括 - 行政官僚制」の論理ではないか、ということである。価値対立が議会などの公の場に持ち出されることを極力回避しながら、経済的なパフォーマンスのよさとそれが失速することへの不安をテコに政権運営し、「選挙時期における報道の公平中立ならびに公正の確保についてのお願い」によって選挙論争の「脱政治化」を図るという技法は、かつてオッフェやハーバーマスが「テクノクラート支配」と呼んだものと同じである。(15)

（15）「怒りも興奮もなく」sine ira et studio という「官僚」的な情念のコントロールについては、（野口 2010 = 2011b: 3章）を参照。

違いがあるとすれば、いわゆる「キャリア官僚」がそうした危機回避の技法を意識的に使っているわけではなく、むしろ官邸主導でこの回避が行われているという点にある。二〇一四年の内閣人事局の設置によって、各省庁の幹部人事は官邸に握られ、各省庁の「官僚」の影響力は低下している。しかしそれにもかかわらず、統治のスタイルとしては、「テクノクラシー」になっている。もともとの「テクノクラシー」が専門「官僚」の支配であるので、かなり矛盾した表現にはなるが、「官僚なきテクノクラシー」、あるいは「官邸主導のテクノクラシー」、これがいまの政権の際立った特徴ということになる。

この政権には価値にかかわる深刻な対立の火種がないということではない。価値対立を顕在化させずに、一定の支持率を保つことに成功しているというだけである。キルヒハイマーの「キャッチ・オール・パーティ」の理論は一定の経済成長を背景として、「イデオロギーの終焉」がいわれた時代に脚光を浴びた。原理的なイデオロギー志向の強い政権が（野口 2007＝2011b: 1章）、こうした「キャッチ・オール・パーティ」の様相を帯びるということにともなう無理は否定できない。すぐにも対立が噴出するかもしれないし、なおも相当長期にわたって争いを糊塗《こと》し続けることができるかもしれない。

いずれにしてもここで強調しておきたいのは、この政権の論争回避の技法は「民主党の失敗」から学びとられた、ということである。自民党は野党時代に、（沖縄米軍基地問題などをめぐる）民主党の試行錯誤を「迷走」と呼んで批判してきた。政権交代をきっかけにしてさまざまな選択肢を検討し直すという作業は、当然、必要とされるプロセスだった。しかしこれに負のレッテルを貼った結果として、「この道しかない」と言い続け、さまざまな論争の火種を可能なかぎり消すというストラテジーが選択されることになる。原発再稼働についても、経済合理性と「最後は金目」という「責任倫理」で粛々と話を進めようとする（野口 2015: 50-51）。価値をめぐる政策的な対立は〈無責任だった民主党政権／安定している現政権〉という構図のなかで処理される。与党の方針に異論を唱えて、論争を挑もうとすれば、〈無責任な夢物語を語るのではなく、責任野党になってもらわないと困る〉という再反論を受けることになる。こうした図式において論争は回避され、「キャッチ・オール」政党が優位を保つ。

二〇一四年一二月の選挙で「野党がだらしない」と指摘する識者が多かった。しかし、どちらかというと解明されるべきは、どうして野党が「だらしない」位置へと追いやられてしまったのかというその理論的なフレームワークであろう。そこには、テクノクラシーの技法を駆使するキャッチ・オール・パーティの論理と、それによる「野党の消滅」の力学が働いている（Kirchheimer 1957 = 1983）。「だらしない」野党はこの構造の帰結と見るべきである。逆にいえば、政党政治と野党の存在意義はこうしたスパイラルとは別の論理をもって記述されるときにはじめて見えるようになる。こうした認識作業を怠って「だらしなさ」だけを唱えるのは、キャッチ・オール・パーティの論理の片棒担ぎになりかねない。

6　政党政治のために

カール・シュミットの『合法性と正当性』のように、合法性とレジティマシーを対比的に並べてしまうと、形骸化した、無意味な合法性に対して、ルソーの「一般意志」に相当するようなレジティマシーがあたかも実在するかのような錯覚に陥ってしまう(16)。そうした幻想の「レジティマシー」を基準にして嘆かわしい現実を叩いていると、爽快感を得ることができるのも事実である。しかし、こうした図式で考えていくと、議会の頭越しにレジティマシーを確保する「カリスマ的指導者」を求める欲望が高まってくる。あるいは、ひたすらテクノクラート的な手法でレジティマシーの危機を回避する技法を評価したくなる。そのいずれの方向性にも否定的であるにもかかわらず、レジティマシーの危機を嘆くことをくりかえしているとすれば、私たちは知らないうちに「シュミットの罠」にはまっているということになる。

政治権力のレジティマシーを問うという作業自体はもちろん放棄されるべきではない。必要なのは、党派や駆け引きや合意形成に対してネガティヴな視線しか向けさせないようなレジティマシーの語り方ではなく、政党政治の現実に一定の意義と期待を付与しうるようなレジティマシーの語り方を育んでいくことである。「合法性」の外部にレジティマシーを語るのではなく、「合法性を通じたレジティマシー」の可能性の追求もそこには含まれることになるであろう(齋藤 2014)。

キルヒハイマーは、ハーバーマスの「レジティマシーの危機」の先駆けとなる認識を示し、同時に「キャッチ・オール・パーティ」（つまり「野党の消滅」）に対する批判的な考察をした。その師シュミットから多くを学びつつ、師に反して政党政治の研究者になった。キャッチ・オールの政治とオポジションの喪失が支配的になるなかで、忘れられていた政治学者キルヒハイマーについて考えなければならなくなってきた。(17)

（16）シュミットの『合法性と正当性』に対する書評でキルヒハイマーが問題にするのも、この点である（Kirchheimer 1933＝1996）。
（17）キルヒハイマーの政党政治の理論から学びつつ、政党政治のための政治理論的基礎を築くこと、これがこの次の課題ということになる。「政党」の概念の思想史的な整理としては、不十分ながら（野口 2013a）がある。

第一一章　忖度の政治学――アカウンタビリティの陥穽

官僚機構をめぐる議論のなかで「忖度《そんたく》」という言葉が前面に出てくるようになった。こうした状況について、アカウンタビリティと忖度という二つのキーワードの関わり合いに注目しながら考察することが、この章の課題である。

日本語で「責任」というとき、その意味はかなり広く、かつ曖昧であることが多い。(1) 一九九〇年

(1) たとえば、日本では「戦争責任」という語がよく用いられ、これをめぐる論争がくりかえされてきた。しかし、ドイツ語や英語では、「責任」Verantwortung, responsibility と「罪責」Schuld, guilt は別の概念である。逆の言い方をすれば、日本語ではこの二つの別の概念が「責任」の一言でまとめあげられ、したがって混ざり合っているために、ドイツ語や英語で議論するときには起こらない混乱が生じることになる。カール・ヤスパースが第二次世界大戦直後に書いた『罪責問題』*Die Schuldfrage* の邦訳タイトルは、橋本文夫訳『われわれの戦争責任』となっている（Jaspers 1999 = 2015）。

代あたりから、「レスポンシビリティ」と「アカウンタビリティ」の差異が指摘され、とりわけ後者の重要性が強調されるようになった。その後、「アカウンタビリティ」は「説明責任」と和訳されて流通することが多くなり、もともとの「会計」の領域だけでなく政治・行政の領域でもキーワードになっていく。

「忖度」は、二〇一七年、森友学園への国有地払い下げをめぐるやり取りで使われ、一躍、流行語になった。官邸への権力集中が「一強」とも呼べる事態を生み出し、役人たちは「忖度」せざるをえなくなった、というのが一般的な説明ということになるだろう。

しかし、政治主導が忖度を生んだ、という説明で納得してしまうと、今の政治主導がいかなる政治主導なのかがわからないままになってしまう。本章では、アカウンタビリティと忖度という、一見してまったくなんの関係もない二つのキーワードを関連づけて考察することで、政治主導の問題の一断面を切り出したい。

1 アカウンタビリティと行政の側の事情

「アカウンタビリティ」という用語はもともと会計や経営の領域で用いられていたが、サッチャー政権で一連の新自由主義的な政策が推進されるなかで、政治の世界に持ち込まれた。(2) 日本でも、国立大学などが独立行政法人化し、そのガバナンスのために「アカウンタビリティ」という用語が用いられるようになった。

日本の政治用語で「アカウンタビリティ」が普及したのは、オランダのジャーナリスト、カレル・ヴァン・ウォルフレンが『人間を幸福にしない日本というシステム』（一九九四年）で、この用語を強調したのが一つのきっかけだといわれている。

ウォルフレンによれば、「レスポンシビリティ」とは「自分の判断や行動が重大な結果を生む、だから軽々には扱えない、と自覚していること」を指す。そしてこうした責任であれば、「日本の政治エリートの多くがもっている」と彼は述べる。これに対して、「アカウンタビリティ」は「自分の判断や行動を、社会に対して説明する義務」であるという。これが欠けていることが、多くの問題を生んでいる、と彼は指摘する（ウォルフレン 1994: 81）。日本の官庁組織では、「省益あって国益なし」の「官庁セクショナリズム」が批判され続けてきた（辻 1995）（今村 2006）。こうした「伝統」に対抗するために、透明性を確保し、社会一般に対して「説明責任」を果たすことを求めていくことには、それなりの意味があった[3]。

第一章でも論じたように、官僚制には「機密」がつきものであり、また官僚制は「機密」の出し

(2)（豊永 1998: 196）を参照。豊永郁子はアカウンタビリティを「答責性」と訳している。
(3) もちろん、「アカウンタビリティ」という用語が流行る以前から、「行政責任」についての理論は存在したし、一九四〇年代のフリードリヒとファイナーの論争などは、今日でも興味深い論点を提供している。

入れを権力資源として用いる。アカウンタビリティが強く主張されても、このことは変わらない。しかしそれでも、アカウンタビリティが求められる状況では、かつてのように「これが国益です」といって済ますことはもうできない。一般の人たちに対して、一般の人たちがわかるように、業務について説明し、それを正当化する必要が出てくる。こうなると「機密」を隠し通すことは難しい。それならばむしろ情報公開を積極的に進め、透明性を高め、基本的なポリシーとそれに沿った実施状況を公にさらすほうが、役所の中の人にとっても得策ということになる。下手に隠したり、ごまかしたり、あるいは改ざんしたりすると、それを取り繕うのに相当な労力が必要になってしまう。行政機構が拡大し、業務内容が複雑化してくれば、この取り繕いの作業はそれだけ困難になる。

もちろん「アカウンタビリティ」の導入は行政にそれなりの負担を背負わせる。しかし、官僚制の基本的な特徴とアカウンタビリティの考え方には、一定の「親和性」があることも見逃されてはならない。マックス・ウェーバーがなんども強調したように、官僚制的な組織はパーソナルなものを排除して、できるだけ客観的・即物的に行政事務を処理するという組織原理を基礎にしている。官僚制の組織原理として、恣意性を排除して合理的な事務執行を行おうとするこうした志向は、委任者、そして公共圏に対して「アカウンタビリティ」を果たすべしという要請と共鳴し、相互に引きつけあう。

『人間を幸福にしない日本というシステム』のなかでウォルフレンも、「「説明する責任」（アカウンタビリティ）システムの主眼は、恣意的で不明朗な権力を排し、古い政策がもはや人々の利益にならないとはっきりした時に、すみやかに新しい政策を採用しやすくすることにある」と述べている（ウォルフレン 1994: 83）。官僚制が原則として「恣意性の排除」によって成立する組織であるかぎり、「アカウンタビリティ」の原則を積極的に受け入れるのには、十分な理由がある。特定の案件で、政治家から「理不尽」な要求がなされることがあったとしても、そのような「我田引水」を疑われるような予算の付け方をすれば、「説明責任」が果たせない、と主張することで、この手の要求を却下することも可能である。

しかしながら、少し考えてみればわかることであるが、膨大な行政の活動のすべてについて、それなりに理に適った「説明」を与えることは、それほど容易ではない。一九七〇年代に、ハーバーマスが書いた著作に『後期資本主義における正統化〔レジティマシーの付与〕の問題』がある（Habermas 1973 = 2018）。本書でもすでに、なんどか重要なところで参照してきた。国家はもはや「自由放任」であるわけにはいかず、「市場の失敗」に対応するために、つねになんらかのかたちで経済に「介入」しなければならない。これはこれで必要なことであると認めたとしても、なにに、どのように、どれくらい介入するのかをめぐる見解の相違と対立が恒常的に出てきてしまうことになる。住宅でも、カジノでも、軽減税率でも、およそどのような政策においても、なんらかの「既得権」が生じ、なんらかの理不尽な「対象外」が出てくる。こうした点が議題に上がり、その是非が争われるようになると、責任として果たされるべき「説明」が難しくなり、賛同を得て、コンセンサスを形成することがますます容易ではなくなる。

こうした政策の中身をめぐる政治的論争が勃発したときに、それにもかかわらず、それを推進し、正当化するために用いられるのは、法に基づいた適正な手続きを踏んで、ここまで至っているという「手続き」によるレジティマシーの付与である。ウェーバーがレジティマシーを有する支配の三つの類型の一つにした「合法的支配」がこれに当たる。実質的な価値の選択における意見の食い違いや対立があったとしても、法に定められた一定の「手続き」を経ているとき、その結果は尊重されるべき、というのが、この支配のポイントである。

こうした「手続き」によるレジティマシーの付与に加えて、市場原理を積極的に行政に導入しようとするNPM（ニュー・パブリック・マネージメント）の方針も、「決定の負荷」の縮減と深くかかわっている。すでに述べたように、もともと「アカウンタビリティ」という用語は、NPMを含む新自由主義的な政策パッケージの一部として導入された。民営化・民間委託を進め、業績・成果の評価を可視化し、独立行政法人化によって政策の企画と実施を分離する。こうしたNPMの導入の背景としては、政府の財政赤字の拡大、あるいは行政の効率化の必要などが挙げられる。民間の手法を入れることで、肥大化し、非効率になっている官僚組織を改革するというのが、基本的な考え方である。ただ、ここでとくに強調しておきたいのは、NPMは管轄省庁の役人の「説明」の負担を相当程度まで軽くするという点である。

Aか、Bかの選択で、個人的な裁量の恣意性を指摘され、その「根拠」を問われると、それに対する「説明責任」を果たすことは容易ではなくなる。担当者の恣意的な判断ではないか、という疑いの眼差しから逃れる一つの方策として、「透明な競争を行い、専門家による第三者委員会によって審査を行い、その結果こうなった」という「説明」はとても効果的である。行政はあくまで公正な競争の場を確保し、業績・成果のチェックの仕組みを維持すれば、それで責任を果たしたことになる。

「大きな政府」か、「小さな政府」か、という対抗図式で考えると、後者を掲げる新自由主義的な改革であるＮＰＭによって、公務員組織は縮小され、弱体化されるように見える。しかし、統治のしやすさ、批判を受ける可能性の縮減という点からすると、行政への市場原理の導入は、まったく異なって見えてくる。既存の組織、人員、予算を削られる可能性があるという点では、ＮＰＭは公務員にとって脅威である。しかし、説明責任を容易にし、恣意的権力（政治家からの横槍）から自らを守ることができるという点では、市場原理を行政に導入することは、公務員組織の中の人たちにとって、むしろ歓迎すべきものとなる。

ただ、透明性と競争原理によって、公務員のもつ権力性がなくなると考えることは早計である。競争のプラットフォームの設定は、それほど中立的ではなく、恣意性から自由というわけでもない。競争しなければならない側は、その競争に勝ち抜くために、与えられた条件のもとでなんとかして走らなければならない。しかしその競争の参入条件の設定や判定の仕方にはつねに「裁量」の幅が存在する。[4] しかしそれでも、「外部」からの説明責任の要求に対しては、透明で、公正な競争の結果であるということがいえれば、それで大方の質問はかわすことができる。[5] 専門的な知識と事情に精通した行政の担当者に対して、普段は別の仕事をしている「外部」の人間は、多くの場合、素人である。このため、競争がいかに公正に行われたのかを説明されると、もうそれ以上の質問はできないし、もちろん問題の指摘などもできない。

こうして、自由な競争、情報公開、公正なレフリーの体制を揃え、改革による「削減」の実績を示すことで、行政は「アカウンタビリティ」のハードルをクリアする。それさえできれば、官庁組織の利益や秘密はそれ以上の追及を受けることなく保持することができる。別の言い方をすれば、こうした「型」通りに説明することができない政策課題については、軽視されるか、後回しにされやすくなる。こうして新自由主義的な政策ほど推進されやすく、イデオロギー的な対立を招きかねない課題ほど回避され、手をつけられないことになる。

2　官僚の責任と政治家の責任

急速に広まった「アカウンタビリティ」は「説明責任」という日本語に訳されることでさらに広まっていく。経営学者の山本清はM・ボーベンスの定義に依拠して、「アカウンタビリティ」を「自己の行為を説明し、正当化する義務であり、説明者は懲罰を受ける可能性を持つもの」と定義する（山本 2013: ii）。しかし山本が指摘するように、会計などの領域から離れ、日本語になることで、この語は「説明する」「責任」くらいの意味で使われるようになっている。本人・代理人（プリンシパル・エージェント）関係は不明確になり、それを仕損なった場合における「懲罰」の意味合いも薄らいでいく。そして官僚だけではなく、むしろ政治家が「説明責任」という語を多用するようになっている。政治資金などをめぐるスキャンダルでも、「政治家として説明責任を果たさなければならない」という言い方が使われているのをよく耳にする。

もちろんのことではあるが、「アカウンタビリティ」はデモクラシーの基底的な原理であるともいえる。ハンナ・アーレントは「説明」account をしない政治体制を「暴政」tyranny と呼んでいる（Arendt 1972: 137＝2000: 127）。そして比較政治学者のフィリップ・C・シュミッターは、デモクラシーを「統治者が公的領域における自らの行動に対して、代表者の競争と協力を通じて間接的に行動する市民によって責任を求められる held accountable 統治の体制もしくはシステム」と定義している（シュミッター 2010: 3）。政党間の競合関係のなかで、有権者、あるいは「公共圏」に対して、やっ

（4）獣医学部の新設をめぐる「公募」については、「空白地域に限って新設を認める」、「一八年度開学」、そして「一校に限定」という条件が付加された。この条件は応募するすべての学校法人に適用されるので、その点ではもちろん「フェア」である。しかし、「フェア」な競争が確保されても、この条件設定にはつねにポリティクスが介在する。

（5）日本大学アメリカンフットボール部の悪質タックル問題（二〇一八年）でも、新監督は「公募」され、スポーツライター、弁護士らで構成された「外部有識者の選考委員会」によって決定された。こうした「プロセス」によって、一部の大学幹部の恣意的な決定という疑いをかなりの程度において、払拭することになった。

てきたことや、やろうとしていることについて説明するのは、民主的な体制下の政党および政治エリートには不可欠の義務である(6)。

しかしながら、行政の側の説明責任と、政治の側の説明責任には、大きな違いがある。アカウンタビリティという語がとても拡大して用いられている状況だからこそ、この区別を一度しっかりと確認しておく必要がある。

マックス・ウェーバーは講演「仕事としての政治」で、官僚と政治家の違いについて論じている。彼によれば、官僚の行為は「怒りも興奮もなく」sine ira et studio なされる。政治家によって決定されたことを、自分がそれについて反対の意見をもっていたとしても、淡々と、誠実に、人格を介在させずにやり通すことに、官僚の「名誉」があるという。これに対して政治家を特徴づけるのは「闘争」Kampf である。違う立場の人たちと論争をし、自分の決断・決定に責任を負うことが求められる。官僚が決定されたことを執行することを本来的な仕事とするのに対して、価値をめぐる対立があるなかで「決定」することが政治家の仕事だ、というのである（Weber 1992: 189-190 = 2018: 133-134）。

この区別は、もちろんそれほどクリア・カットにはいかない。かつての『官僚たちの夏』に出てくるような「国士」型の役人は、自分たちこそ政治決定に直接、関与していると考えていたであろう。そして現在でも、「キャリア官僚」の業務は政治的「決定」の領域に深く食い込んでいる。ただ、その不分明さは認めたうえで、それでも、なにが本来の業務であり、行為の規範なのかを確認しておくことには意味がある。同じく「自己の行為を説明し、正当化する」にしても、「執行」にかかわる官僚の説明責任と「決定」にかかわる政治家の説明責任では、当然のことながら質が異なる。官僚については、行政の執行の手続き、成果などに対する説明が中心となる。なるべく恣意性をなくし、「中立・公正」に業務を遂行することが求められる。官僚の答弁では、かぎりなく個人的・恣意的な判断の余地をなくし、合理性と整合性を保ってなされることが目指される。説明が求められる範囲を限定し、説明の仕方のフォーマットが整備されれば、それだけ異論や反論は出てきにくい。

これに対して政治家には、政党間の対抗関係のなかで彼らなりの「説明責任」を果たすことが求められる。この場合の「説明」は、対抗する政治グループがあり、そうした対抗勢力はなくすことはできず、またなくなるべきではない、という前提でなされる。対抗勢力の存在が前提にされているコミュニケーションの様式では、相手を一〇〇パーセント説得できるわけではなく、また「全会

(6) ハンナ・ピトキンの『代表の概念』でも、「説明責任型代表観」accountability view が取り上げられている。「権威を付与された範囲において、つまり与えられた権威の境界線内では、代表者が何をしようとも、すべては代表行為だとされる」という、ホッブズ的な「権威付与型代表観」authorization view との対比で、ピトキンは「説明責任型」を論じている(Pitkin 1967: 39 = 2017: 52)。ただし、「有権者に配慮し、有権者の望むことをするようにさせる」という「意図が実現できているかと言えば、実際にはうまくいっていない」とも述べている(Pitkin 1967: 58 = 2017: 77)。

一致」になることは少ない。それどころかそうした「全会一致」が必ずしも好ましいわけでもない。相互の批判的・対抗的なやりとりが、政権側に緊張感を与え、また対抗側に次のあり方を構想する機会を与える。

もちろん、政権与党の政治家は行政機関の長ないし重要な役職に就き、そうした立場での「説明責任」を求められる。そうすると答弁は、党派的な意見の違いがあることを前提にした政治家としての説明責任というよりも、行政機関の代弁ということになり、官僚的な「説明責任」に近づいていく。「行政の長」という立場での答弁では、こうした言い方になることは当然ではある。

しかし、官僚と政治家の説明責任の近接化は、このような事情だけにとどまらない。むしろ問題は、新自由主義的な政策が広く受け入れられていくなかで、党派性を帯びている政治家としての説明責任が、党派性を回避する方向に向かい、結果として「官僚的」な説明責任に寄っていきつつあるという点にある。近年、多くの政治家が「改革」と称して、新自由主義的な政策を支持するようになっている。その主たる理由として挙げられるのは、財政赤字、つまり財政問題である。しかし、それと同時に、こうした政策方針をとった方が、アカウンタビリティを果たしやすいという利点もある[7]。そしてこの釈明のしやすさという観点は、民主党政権がいろいろな問題を議論のテーブルに載せた挙句に「決める」ことができなかったという経験によって、いっそう重要になっている。「決められない」ということは、党派的な対立に陥って、コンセンサスを形成できるに足るような説明ができなかったということだからである。こうしてアカウンタビリティにセンシティヴな政治家ほど、新自由主義的な政策のほうに近づいていく。

もちろん、透明性や正当なプロセス、中立・公正な専門家委員会などの存在がどうでもよいといっているわけではない。確認しておきたいのは、政治家の仕事はそれに尽きるわけではない、ということである。官僚とは異なって、政治家の仕事は、異なる価値観をもつ人たちのあいだの論争のなかで、論争の当事者として自分の党派的な「立場」を述べ、それをディフェンドし、他の立場の人たちを巻き込むことが含まれる。政治家の「本業」はそこにある。ところが新自由主義的な「アカウンタビリティ」では、そうした論争性はできるだけ遠ざけられる。このことは、NPMなどの政策方針を積極的に受け入れてきた官僚側の論理に、政治家のほうが寄ってきたことを意味する。

なるべく恣意性をなくそうとし、党派性を避けて中立を強調することで説明責任を果たそうとする官僚のアカウンタビリティと、どうしても避けられない価値をめぐる抗争性を引き受けたうえで、なぜ自分がその党派的な立場を選ぶのかについて釈明しなければならない政治家の責任とは区別されるべきである。ところが、官僚と政治家の果たすべき「説明責任」の差異はしだいに不分明になっている。政治家の側が新自由主義的な説明をすることで、むしろ積極的に党派的な論争の火種を消し、党派的な判断といわれかねないことを避け、したがって新自由主義的なテクノクラートの論理

（7）本書第II部では、新自由主義的な政策を掲げる政治家は、それによって「官僚組織と戦うカリスマ」という図式に持ち込みやすいという点を強調した。（野口 2011a）も参照。

をむしろ積極的に取り入れていく。もちろん、行政の長として行政の執行についての説明をすることは必要である。しかし、そうした行政の既定路線は変更されなければならないこともあり、それを変更するかどうかを決めることが政治家の役割である。役人は、個人の信念とは別に、与えられた業務を「粛々と」合理的に進めなければならない。しかし、この「粛々と」進む流れを切断する可能性を否定しては、政治はその存在意義を失ってしまう。

3 「忖度」の広がり

政治・行政において「アカウンタビリティ」が求められるようになり、またそれに応えなければならないという意識が定着してきたことは、基本的に肯定的にとらえてよいだろう。しかし、官僚による「説明責任」と政治家による「説明責任」の区別が不分明になり、前者の論理が後者の論理をしだいに駆逐していく傾向にあるとすれば、今度は別の問題が出てくることになる。

ある情報を出すと「もめる」と思えば、役人はそうした情報を出し渋る。こうした「機密」保持の傾向が、すでになんども述べてきたように、官僚制にはつきまとう。企画・立案から、多くのプロセスを経て、築き上げてきた政策が、議会やメディアで批判を受け、その賛否をめぐって「もめる」ことで頓挫するとすれば、それに関与してきた役人としては、なんとも残念なことだろう。それはそれでよく理解できる。このため役人は、なるべく党派性を帯びないように、そして党派的な対立を超越したところで話を進めるように気を配る。デュー・プロセス、透明性、専門家による答申、公正な競争、こうしたキーワードはすべて、党派性を消すために有効である。

しかし、党派性と論争性を本質とする政治家は、こうした脱政治化した論理で動くわけにはいかないし、もし「よき役人」としての答弁に終始するのであれば、その政治家は（ウェーバー的な意味での）政治家としての「責任」を果たしているとはいえない。「官僚答弁」のうまい政治家は、すぐに炎上して論争を盛り上げてしまう政治家よりも安定感はあるかもしれない。しかし、そうしたスタイルの政治家がキャリア・アップしていくということは、政治的な決定とそれに対する責任を縮減し、政治が「行政」化していくことを意味する。

こうした政治の「行政」化は「忖度」の広がりと結びつく。森友学園への国有地払い下げに絡んで同学園の理事長が用いたことで、「忖度」という言葉が注目された。この言葉はもともと「相手、とくに上司の気持ちや意向を推し量る」くらいの意味なので、それ自体は、とくに問題があるわけではない。「気遣い」や「気配り」というくらいのことであれば、それはどこでもあるし、またある程度はあったほうがよい。問題は、なぜそうした「忖度」が数億円の土地の「値引き」につながり、果てには公文書の改ざんにまで行き着いたのか、である。

これに関してよくなされる説明は、二〇一四年の内閣人事局の創設によって、エリート官僚の人事を官邸が掌握したため、官僚が「官邸」の「ご意向」に敏感にならざるをえなくなっている、というものである。人事の一元化が権力の集中を招いた。この説明はわかりやすいし、基本的に正しいといえるだろう。しかしここで論じたいのは、「アカウンタビリティ」の普及と「忖度」の連関である。

「アカウンタビリティ」が、透明性、フェアな競争、専門家・第三者機関による審査など、非政治的・非論争的な「説明」によってなされる傾向が強くなると、どうしても意見が分かれる、論争的なテーマについての政策論争の機会が失われていく。政策をめぐる論戦が重要視されれば、関連する知識や見識を有していて、そうした論争に長けた官僚が脚光を浴び、キャリアアップしていくことになる。しかし、省内や官邸で、このような論戦の機会が減るとすれば、官邸の中枢の意向を先回りして読み、関係するステークホルダーの利害を調整し、具体的な政策に落とし込んでいく能力に長けた人が「出世」していくことになる。変に真正面から「論戦」になってしまったら、マイナスである。むしろ価値をめぐる争いが顕在化しないように、「ニュートラル」を装いながら、それでいて権力者に有利に話を回すことができるかどうかが、評価の基準になる。政策をめぐる論争能力ではなく、「忖度」の力が重視される。「政策立案の筋がいい」とか、「論争に強い」ではなく、証人喚問や参考人招致でボスの不利になるようなことについて「口を割らない」ことのほうにより高いポイントが付く。

政策論争は「選挙」戦でこそなされるべき、というのは正論である。ただし、論争は選挙でしかなされてはいけないということではない。委員会や本会議、それだけではなく公共圏での人びとの議論がその基礎になっている。こうした日常的な基礎なくしては、選挙の論戦は「政治ショー」の意味合いを深めてしまう。

突っ込まれないための「官僚答弁」で国会の審議をすり抜け、かつてはもっと激しくなされていた自民党内の「政調会」や「総務会」などでの議論も「官邸主導」のため盛り上がらず、官邸内でも「忖度」の論理がはびこれば、それらは相互に絡み合いながら、脱政治化を深めていく。政策をめぐる論争が低調になればなるほど、「忖度」や「コミュ力」（その場の空気を読むコミュニケーション能力）の比重が大きくなる。森友学園の問題を契機にして浮上した「忖度」の問題は、こうした連関の一つとして理解されなければならない。(8) そうでなければ、たんなる「気がきく」かどうかというような、役人その人のパーソナリティに問題が矮小化されてしまう。

「忖度」の論理の伸張は、もちろん官邸機能の強化とも絡んでいる。NPMの導入をめぐる議論

（8）ウェーバーの理解社会学における「理解」と「忖度」の関連について、以前、新聞社の問い合わせを受けたときに、両者に共通するところがあることは認めたうえで、次のようにコメントをした。「トランプ大統領のある行為を「理解」することは、それを「是認」することとは違いますし、ましてやその意をくんで「手助け」することではありません」。そのうえで「こうした「理解」と「是認」と「手助け」がないまぜになっているのが「忖度」ではないか。そして、その「忖度」の世界に欠けているのは、例えば、先のトランプ大統領の例で言えば、その行為に「反対」しつつも「理解」はする、あるいは「理解」はするが「批判」するという思考」ではないかと述べた（『朝日新聞』二〇一七年四月三〇日）。「理解」と「是認」と「手助け」に亀裂やズレが出てくると、「面従腹背」ということになる（前川 2018）。政治的な選択の余地が狭められればそれだけ、「忖度」が前面に出てくることになる。

でよく指摘されることではあるが、独立行政法人など、関係各機関の自律性を高め、業務や業績の「アカウンタビリティ」をより求めていくことは、国家権力の縮減というよりは、むしろ「戦略的中枢」としてのそのプレゼンスの強化をもたらす。透明な競争にしても、その競争の条件の設定はきわめて政治的であり続ける。ただ、「ちゃんとフェアに、オープンに競争させている」という「アカウンタビリティ」の果たし方によって、この政治性があまり注目されないでいるだけである。「アカウンタビリティ」の定番の説明が広がることで、権力の中枢は、実は以前よりも見えにくくなっている。見えにくいというのは、どういう理由でその競争とその条件がそのように決定されたのかが、わかりにくいということである。説明責任でなされることが「手続き」に集中すれば、当然、その「実質」的な理由は置き去りにされる。

もちろん、政治的な決定には、理性的に説明しようとしてもそうできないところがある。本書が「決定の負荷」と呼んでいる問題もこれと関係する。昭和の政治であれば、派閥間の抗争と取引、あるいはカネの力で政治的決定がなされる局面もあったかもしれない。民主党政権は、しばしば決めることができなかった。これに対して今日、官邸に集約された「戦略的な中枢」の権力が強化され、それは中の人たちの「忖度」で運用される度合いが高まっている。

「忖度」のない世界は考えられない。いつの時代にもそれに当たるものは存在したはずである。しかし、だからといって、近年の官僚制におけるそれも、そうした一般論で処理してよいわけではない。そうした一般論で片付けてしまうと、「アカウンタビリティ」の論理と結びつき、そうした「アカウンタビリティ」の影に隠れたほの暗い世界での権力の作動が見えなくなってしまう。

一九九〇年代末に、吉野川河口堰などのいわゆる無駄な公共事業や、薬害エイズ問題などの利権の構造が注目を集めたとき、公務員バッシングが高まった。その頃は、「エリート官僚」というイメージが残っており、エスタブリッシュメントとしての彼らの利権や不正への憤りがそのバッシングを激しくしていた。

これに対して、二〇一七年、一八年の「官」をめぐる不祥事への世間の眼差しは、当時とはずいぶん異なっている。佐川元理財局長の証人喚問前に、官邸前で発せられた「官僚、がんばれ」の掛け声には、かつてのような強者であり、エリートである役人への怒りはなかった。むしろそこにあったのは、そのように「忖度」しなければならない彼らへの「同情」だった。そして杓子定規で、融通がきかず、非効率の権化として官僚が批判されるのではなく、むしろ官僚が権力者のパーソナルな恣意性や政治の「私物化」に対して規則と公正さを守るべき番人たることを願いながらの声援だった。

かつて日本の政治は三流だが、優秀な官僚がいるから大丈夫だ、といわれた時代があった。自民党内のいわゆる「族議員」が台頭して、この政官関係のバランスは崩れ、首相の権力強化、あるいは官邸主導によって、力関係は根本的に変化した。ところがすでに述べたように、「官」の権力的地位の低下は、単純な「官」の論理の否定ではない。むしろそうして強化された官邸は、正しい手続き、透明性、中立的な第三者からなる専門家の答申といった、新自由主義的な役人の「アカウンタビリティ」の論理をより広範に使うようになっている。憲法改正などを例外として、なるべく論争を回避するという行政的な論理が政治の領域でますます支配的になっている。

今日の「官」をめぐる現状を一言で述べるとすれば、官僚政治のロジックが優越するなかで、個別省庁の官僚の地位は低下している、ということになるだろう。第一一章で、「官邸主導のテクノクラシー」と呼んだものである。古くから存在した「忖度」という言葉が最近になって注目されるようになったのには理由がある。政策論争が回避されるなかで、論争能力を発揮し、それによって評価される機会が少なくなり、その分だけ、権力との「近さ」や権力との関係のよさ、あるいはもっとわかりやすくいえば、「おともだち」であることの比重が大きくなってきた。こうした事情を語ることなくしては、今日の忖度の問題は理解できない。

終章　中立的なものこそ政治的である

本書はⅠからⅣまでの四部から構成されている。この終章では、各部を要約し、全体の議論を整理したい。

第Ⅰ部「文書主義」では、文書、および文書主義について論じた。フランスの文豪バルザック、法社会学者ウェーバー、そして文化人類学者のグレーバーを取り上げた。バルザックは文書まみれの役人を風刺した。ウェーバーはパーソナルな恣意性を排した合理的な組織の原理として文書主義を論じた。そしてグレーバーはそうした書類が支配の手段として有効に使われていることに注意を向けた。

公文書は組織の「客観性」を確保し、恣意的な権力の行使や介入を防ぐ。こうした意味で、公文書は近代官僚制の基礎である。しかし、それが「客観性」をもつということは、それが政治的に無色透明ということを意味するわけではない。公文書を「改ざん」するのは論外だとしても、どれくらい文書を作成する、あるいは作成させるかは、すでにすぐれて政治的な問題だからである。官僚制的な組織の住人は、なるべく客観的で、中立的であることが求められている。しかし、彼らの客観性・中立性には注意が必要である。プロイセンの「官吏」は普遍性を標榜しているが、しかしその実、彼らの階層的な特殊「利益」をその下に隠していると喝破したのは、カール・マルクスだった。「国家目的が役所目的に、あるいは役所目的が国家目的に化する。官僚組織はだれもそこから跳び出すことのできない環のようなものである」と彼は書いている（Marx 1982: 50 = 1959: 283）。「お国のため」は「省のため」と溶け合っている。

同じことは、文書の客観性についてもいえる。正確に文書を作成し、それを管理することで、役人は客観性を確保する。しかし同時に、文書をコントロールすることで、役人は自分たちの権力を保持・増大する。そして関係者に面倒な文書を作成させ、それをチェックすることで、人びとを規律化して支配しようとする。

文書主義も含めて、恣意性の排除は近代行政の不可欠のメルクマールではあるが、それは同時に権力手段でもある。このアポリアから綺麗に抜け出す術を、私は知らない。ただ、こうしたアポリアを意識しておかなければ、官僚主義的な「杓子定規」を嫌うあまり、どこかの誰かの恣意的な権力を喜んで迎え入れてしまうことにもなる。あるいは反対に、恣意性の排除と「中立性」といわれると、渋々それに従属し、結果として役人の権力強化の片棒担ぎをすることにもなりかねない。したがって、このアポリアを確認し、これと向き合うこと、これが第I部の結論であった。このテーゼは、本書を通じてくりかえされることになる。

第Ⅱ部「「決められない政治」とカリスマ」では、一九九〇年代からの官僚制バッシングの風潮から、民主党政権の成立、そしてその後の展開について考察した。このとき、手引きにしたのが、カール・シュミットの『政治的ロマン主義』だった。

官僚制に対する批判的な言説は、薬害エイズ問題、吉野川河口堰などの「無駄」な公共事業、さらにはいわゆる「天下り」など、一九九〇年代から広くて、強い政治的な流れを形成した。もちろん「官僚主導」への批判は以前から存在した。しかし、「脱官僚」を掲げた民主党政権が成立するに至ったということは、やはり戦後日本政治史上、画期的だった。

ただ、「脱官僚」を掲げることで政権を獲得した民主党は、まさにそれによって混迷していく。それまで官僚任せであったものを、「政治主導」にしようとするのは、方向性としてはきわめてまっとうである。しかし、いざ実際に「政治主導」を試みると、質量ともに膨大な課題が噴出し、優先順位を決め、議論し、決定するという重荷が、この政権を苦しめることになった。私はこれを「決定の負荷」というタームを使って論じている。「決める」というのは、しかも党派的な対立が不可避の政治の世界で「決める」のは、そう簡単な話ではない。「一度、ちゃんと議論してみよう」という姿勢は評価されるべきだが、その結果、頑張ってやっているようだが「決められない」という事態の連続になると、政権への不信は高まる。

もちろん民主党政権が「決められない」でいたのは、衆参で多数派が異なる「ねじれ国会」によるところが大きかった。また、東日本大震災と福島の原発事故も重なった。ただ、官僚制をめぐる政治に関連して見落とされるべきではないのは、官僚および官僚制にかかわる諸問題（前例主義、形式主義、公務員利権、政策形成の不透明さなど）にメスを入れようとすると、決定と、その決定の仕方をめぐる議論が噴出し、「決定の負荷」がますます重くなり、頑張って議論はすれども、なかなか決められないという事態に陥りやすい、ということである。ただでさえ、長期政権が崩壊し、政権交代後に誕生した新政権では、さまざまなことを議論し直さなければならない。もちろんそれは必要な作業である。しかしこの負荷は、「脱官僚」をスローガンにしたために、いっそう重く民主党にのしかかった。

なんでも役人が決めてしまう国というのは、息苦しい。しかし、「決められない」という事態は、また別の不全感をもたらす。「ゴタゴタ」を嫌い、しっかり、決然とものを決めてほしいという願望が湧き上がってくる。「日本的な支配」では、カリスマ的なリーダーは出てきにくい、というのが、一昔前までの日本政治論でよくいわれていたことだった。しかし近年、「カリスマ」が注目を集めるようになっている。ここには民主党政権の崩壊以後の「決めてほしい」という願望が絡んでいる。

当たり前のことではあるが、カリスマという用語の使い方には、かなりの注意が必要である。そして、そのカリスマとされる人がどのような文脈でそのように見られるようになったのか、あるいは「コンストラクト」（構築）されてきたのかに目を凝らさなければならない。カリスマは生まれたときからカリスマだったわけではなくて、ある文脈のなかでカリスマとして作られていく。

今日のカリスマの特徴の一つは、官僚制的な組織と「戦う」ことで、その政治家のカリスマ性を際立たせるという点にある。既得権益の塊のような公務員組織に、「改革」を掲げて切り込んでいく。こうした姿勢をディスプレーすることで、政治家は人気を獲得しやすくなる。もちろん、組織を定期的に改革することは必要なことであろう。しかし、「官僚制と戦うカリスマ的政治家」という構図で思考することで、膨大な労力の無駄や、不必要な「改革」がなされてきたことも否定できないのではないか。第II部では、そうしたカリスマの周辺について考察した。

第III部「合理性とアイヒマン」は、アーレントとウェーバーについて対比して論じた論考と、フォン・トロッタの映画『ハンナ・アーレント』とベッティーナ・シュタングネトによる最近のアイヒマン研究についてのエッセイから構成されている。

「合理主義」と「合理性」は、「非合理主義」と「非合理」と二項対立的に理解されることが多い。しかしマックス・ウェーバーはこの言葉を意図的に多義的に用いている。ある観点から見て「合理的」でも、それは別の価値基準からすれば「非合理」である。ある宗教家の生き様を経済的な観点で測ることはできなくはないだろうが、経済的な観点がすべての基準を独占してよいわけではない。官僚制をめぐる「合理性」という用語の使い方についても、「合理性」基準の複数性が重要となる。アドルフ・アイヒマンは命令と規則に従って粛々と仕事をしたと主張した。そのために彼はカントに言及することとすらした。そして実際、アイヒマンはある意味ではきわめて「合理的」だった。しかし、「合理的だからいいだろう」という仕方で説明責任を果たそうとする姿勢には、やはり注意が必要である。なんらかの非合理な事態を問題視し、それを「合理化」したといえば、それはよいことのように聞こえる。しかし、ウェーバーのように複数の合理性の基準を使って考察するならば、ある特定の「合理性」に閉じこもり、それに対する懐疑を払いのけようとする「悪」が見えてくる。官僚制的な組織の「合理性」とは、いかなる意味で「合理的」なのか。そしてその「合理性」という看板のもとで、なにが行われているのか。こうした切り込み方は、依然として意味がある。

なお、シュタングネトのアイヒマン研究以後、私たちはそう簡単には「悪の陳腐さ」テーゼを語れなくなっている。しかし日本では、アーレントの本のレベルを超えて、アイヒマン問題が検討されることはほとんどない。第七章「五〇年後のアイヒマン」でも問題の指摘にとどまっているが、今後、この論点を抜きにしてはアイヒマンの問題について学術的な議論をすることは不可能である。

第Ⅳ部では、政治学における参加概念の変容と「なんちゃらファースト」という表現について検討している。一九六〇年代、七〇年代の政治参加の議論には、「抵抗」の契機が色濃かった。エリート官僚の政治的影響力が今とは比べものにならないくらいに強かった時期にあって、市民の参加はテクノクラート的な支配様式への異議申し立てと密接かつ不可分に結びついていた。しかし、社会的包摂や「新しい公共」など、近年の参加をめぐる議論では、対立や抗争の契機が弱くなっている。また、「なんちゃらファースト」というかたちで、自分の属するユニットの「利益」を自明視する議論でも、その内部での異論や反論が押さえ込まれている。あるいは内部の齟齬や抵抗がある程度以上低いレベルに押さえ込まれることによってはじめて、「なんちゃらファースト」は意味のある標語として成り立つともいえる。そして、内部の多元性や異論に対して否定的な態度をとることは、さまざまな既得権を非難し、「真の人民」を語ることで動員を図る「ポピュリズム」の思考とも密接にかかわっている。

社会的包摂や「新しい公共」は、とりわけ民主党政権のもとでクローズアップされた。小泉改革以後の格差社会と対決する必要があり、官僚依存を脱して役所による「公共」の独占を克服しようとする意図もあった。こうしたなかで、ボランティアなど、市民の自発的な「活動」を行政の側から鼓舞することには、大きな意味があった。しかしこの方向性については、今日、あらためて議論し直すべき段階にきている。

二〇二〇年の東京オリンピックに向けて、抵抗の契機のない参加と自分のユニットを「ファースト」に考える傾向は、どうしても高まっていくであろう。しかし、「おもてなし」云々の前の段階で、そもそもオリンピックを東京で開催すべきかどうか、誰がどのように議論し、決定したのだろうか。ドイツのミュンヘンで二〇二二年の冬季オリンピックを招致しようとしたとき、バイエルン州の州民投票でその賛否が争われ、結局、大差で否決された（Eichler 2013）。オーストリアのインスブルックも二〇二六年の冬季五輪の開催を目指していたが、チロル州の州民投票によって否決された。こうしたプロセスと結果は、なぜか日本ではあまり知られていない。「私たち」の今と今後のことを考えたとき、オリンピック的な動員と統合がよいのかどうか。ある特定のユニットを優先することを求める「ファースト」という議論の仕方をすると、そこで考察されるべき、複数の「合理性」基準による多角的な検討や、それに基づく抵抗や反対がすべて吹っ飛んでしまう。

藤田省三は、高度経済成長による日本社会の変容を憂慮し、抵抗の契機のないデモクラシーは翼賛体制に近づくと述べた。「なんちゃらファースト」という標語による動員が成り立つ世界では、抵抗の可能性や別の方向を提起する可能性が縮減される。もちろん、行政が住民と対立するのではなく、行政が住民を巻き込んでいく、という傾向は一概に悪いこととはいえない。しかし文書主義のアポリアと同様に、そこにある厄介な事態については、つねに自覚的である必要がある。

最後の、第Ⅴ部「キャッチ・オール・パーティと忖度」では、キャッチ・オール・パーティ（包括政党）、アカウンタビリティ（説明責任）、あるいは忖度という用語を検討しながら、政治の「行政」化について論じている。「政治主導」がいわれ、「官邸主導」や「内閣主導」が定着したように思えるなかで、政治の「行政」化というのは、いかにも見当違いに思われるかもしれない。しかし、論争的なテーマをめぐって議論することを極力避けて、経済政策を重視して対立と対抗を押さえ込み、手続き的な議論でレジティマシーを調達しようとする手法は、「政治」主導というよりは、「行政」の、あるいはテクノクラシーの論理の貫徹ではないか。政権与党が「行政」のロジックを呑み込むことで、業務の「合理性」を主張し、抗争性を押さえ込み、それによって権力維持を容易にしているのではないか。これが、第Ⅳ部でのテーゼである。(1)

とりわけ二〇世紀になって、行政の規模が大きくなり、業務の質が複雑化するようになった。政治学や行政学の教科書では、こうした国家は「行政国家」と呼ばれている。この傾向に対して、民主的な行政のコントロールはいかにして可能か、と問うことが、定番の問題設定だった。ここには、行政の「合理性」とデモクラシーのそれは異なるという前提があった。

しかし、行政の「合理性」とは独立して、民主的なレジティマシーを確立することは、実は容易ではない。そしてそれはますます難しくなっている。ワイマール憲法体制の危機において、シュミットは合法性とレジティマシーを対立させ、かなり強引な議論を展開せざるをえなかった。また日本の「民主党政権の失敗」の本質は、「脱官僚」を唱えたことでレジティマシーの危機を招いたことにあった。どの政権にとっても、激しい論争に身をさらし続けることはかなりしんどいことである。本書では「決定の負荷」という表現を用いたが、価値観に基づく論争は決着がつきにくく、妥協も成立しにくい。

これに対しては、カリスマを前面に出す可能性がある。あるいは危機の時代には、そうした打開策が模索されることになる。しかし、たとえそうしたリーダーの「構築」に成功してさえ、カリスマと革命は長続きせず、「日常化」する。このことは、すでにマックス・ウェーバーによって指摘

(1) 二〇一八年九月の総裁選の最終日、秋葉原で行われた演説会で、安倍晋三総裁候補は、次のように述べ、支持者から大きな喝采を浴びた。「[野党のように]批判だけしても、なにも生み出すことはできない。私たちは愚直に政策を作り、それを誠実に前に進めていく」。政治的論争を回避し、「批判」を言いがかりとしてしりぞけながら、政策をまっすぐ直線的に進めようとするのは、政治家ではなくテクノクラートに特有の姿勢である。

されている（Weber 2005b: 489-491＝1962:（II）-425-428）。カリスマはつねに戦っていなければならず、そうでなければ凡庸な日常が戻ってくる。凡庸になったその人には、もはやカリスマ性はない。

こうして浮上するのが、新自由主義的なテクノクラシーの手法である。市場原理と手続き的な正義を前面に出すことで、論争を避け、「客観性」を標榜することが容易になる。党派対立を引き受けて、その論争の当事者として答弁することは「ゴタゴタ」に巻き込まれることを意味する。これに対して市場競争の結果であること、そして正当な手続きを踏んできたので「粛々と」話を進めることを強調すれば、論争を超越する「中立的」な地位に身を置くことができる。新自由主義的なテクノクラシーの手法は、「統治の技法」として優れている。

政治リーダーが「政治主導」といいながら、その実、テクノクラート的な論理と実践を推し進めるという、一見すると不思議な事態に、私たちは直面している。そうした統治においては、問題を提起し、論争をし、そのなかで卓越性を示し、それでキャリアを登っていくという可能性はますます小さくなる。むしろ、面倒な「論争」にならないように、関係者を調整し、ある方向へと向かう「空気」を形成して、上手に、感じよく話を進める「コミュ力」がある人が評価され、キャリア・アップし、権力の中枢に集まっていく（貴戸 2018）（野口 2018c）。

「忖度」という言葉は、昔から存在した。しかし、この言葉が注目されるようになるのは、国の基本政策や方向性をめぐる論争が封印され、そうした局面で能力を発揮する機会がなくなってきたということと無関係ではない。重要な行政の課題を発見し、論争的なテーマを回避せずに政策論争し、その政策を実現して「実績」を残すというのではなく、権力者の「お気に入り」であることが優位する世界では、「忖度」がすべてになる。

どのような種類の人間がその社会で活躍しているのか。そこで厚遇されている「人間類型」を見れば、あるいは逆にそこで報われないでいる「人間類型」を見れば、その社会がわかる。ナイーブな言い方になってしまうが、政治学の課題は、どういう人が（もっと）報われるべきなのかを考えることにある。

かつてウェーバーは「方法論」について論文のなかで、次のように書いた。

> その秩序は、内面的ないし外面的な（動機の）選別 Auslese において、支配的な類型になる最適のチャンスを、いかなる人間類型に与えるのか。社会関係のいかなる種類の秩序であっても例外なくどの秩序も、人がそれを評価しようとする場合には、究極的にはこの点に基づいて検討されるべきである（Weber 2018: 483 = 1972: 81）[2]。

（2）「価値自由」というキーワードでウェーバーを論じようとすると、政治社会における人間の質（徳）を問題にしようとした彼の政治学が見失われる。この点に注意を促したのは、戦後西ドイツを代表する政治学者のヴィルヘルム・ヘニスだった（Hennis 1987 = 1991）。

行政組織のなかで行われている「選別」で、どのような人がキャリア・アップし、どのような人が耐え忍んでいるのか。「コミュ力」と「忖度」が特筆して評価されるところでなにが見えなくなっているのか、を問う必要がある。(3)

冷戦が終わり、イデオロギーの違いがなくなり、どの政党もだいたい同じだから、こういうことになったのだ、と主張する人がいる。しかし、なぜ、福島の原発事故を経ても、原発の是非をめぐる議論が国会の中心的な討論のテーマにならないのだろうか。なぜ、沖縄の米軍基地の問題は「手続き」上の争いにされ、「粛々と」解決されていくのだろうか。たしかに、こうした問題についていくら話をしても一つの「模範解答」は出てこない。問題の性質からして論争的であり、一義的なコンセンサスにたどり着くよりも、かえって「混乱」や「迷走」をもたらすだけだと考える人もいるだろう。しかし、そうなるのは、その問題が「行政」の問題ではなく、「政治」の問題だからである。民主党政権がダメだったから、という話ではない。政治の問題であれば、いろいろな考えの違う立場の人がいることは自明のことであり、前提である。面倒臭い論争になることを避け、「行政」の論理を取り込んでいく政権運営は、上手いやり方ではあるが、「政治」の放棄でもある。あるいは「政治」を見失うことである。

行政は、パーソナルな要素や恣意性を排除して、非人格的に、中立的になされなければならない。しかし「中立的」とされる振舞いには、しばしば強度の「政治性」がつきまとっている。「私は中立的だ」ということで、その案件の是非をめぐる論争は封印される。アーレントがリポートしたアイヒマンにおいてそうであったように、その行政的な「中立さ」は「人類史上最大の悪」とも矛盾しなかった。

行政の中立性という原則は、もちろん大事ではある。しかし、それを問い返す可能性を保持しておくことも同じく大事なことである。現代社会にあって、レジティマシーのかなりの部分は「合法性」によって埋められる。しかし「合法性」がレジティマシーのすべてというわけではない。そこにはつねに埋めきることができない残余の部分が残されている。わかりやすい解答を出すことはできない。しかしそれでもいえることはある。官僚制をめぐるポリティクスにおいては、中立的なものこそ政治的である、ということである。「中立性」や「客観性」を語る人ほど、「政治的」に振舞っている。その当人がどれほどそれを自覚的にやっているかどうかは、二次的な問題である。当人はきわめて誠実に、規則と命令に従っていて、しかしそれによって残酷な政治決定を追認していくことはよくある。

「中立性」を掲げる官僚制にもかかわらず、ではなく、むしろそれに関してだからこそ、その政治的な含意に、つまり「官僚制のポリティクス」に、つねに注意を向けなければならない。

（3）『文學界』に掲載されたエッセイでも、同じ趣旨のことを書いている（野口 2018d）。

あとがき

この数年に書いたもののなかから、官僚制に関連する原稿をピックアップし、文書（主義）と忖度についての二つの章、および序章と終章を書き下ろして編集したのが、本書である。

これらはみな個別の機会に執筆している。岩波講座「政治哲学」に寄稿したものもあれば、『現代思想』のその都度の特集に寄稿したものもある。「教科書」として平易さを優先して書いたものもあれば、もともと註のない文字通りのエッセイもある。しかし、整理してまとめてみると、それなりに一つのまとまりのある論集になった。

ウェーバー、シュミット、アーレント、あるいはハーバーマスなどについての政治思想史的な知識を背景にして、官僚制について考察した拙著は、これで二冊目ということになる。前著『官僚制批判の論理と心理――デモクラシーの友と敵』（中公新書、二〇一一年）は、「脱官僚」を唱えた民主党政権のときに執筆した。基本的に官僚制の概念史的な研究であり、そこまで時局を意識していたわけではなかったが、結果として前著は民主党政権の気高さと危うさの思想史的な分析でもあった。

民主党政権が崩壊し、その数年間は「失敗」といわれるようになった。国家公務員の幹部人事を内閣人事局に一元化することで官邸の影響力が増し、「安倍一強」ともいわれる状況になり、官僚および官僚制についての諸事情も大きく変化した。

この変化を好意的に評価する人は「脱官僚」から「官僚を使いこなす政治」へと転換したという。あるいは「決められない政治」から「決められる政治」へと変わった、という言い方をする人もいる。しかし、見えやすい変化や断絶には、それに隠れて見えにくいが、それでも連続して貫かれている問題がある。そしていくつかの絡み合った筋が現在に至る変化を作り出している。本書で取り上げ、検討しようとしたのは、個々の政権で終わることはなく、今後も比較的長期にわたって、なんらかのかたちで反復され、展開されていくであろう、そうした筋のいくつかである。そしてそうした筋を整理し、それらをたどってみてわかったことは、「民主党の失敗」とされるものそれ自体よりも、こうした「失敗」への反省、あるいはリアクションとして出てきた現象が孕む問題性だった。「あのときはダメだった」ということによる現在の正当化は、しばしば目の前の「悪」を隠蔽する。民主党時代を暗黒化し、それをバッシングしてレジティマシーを確保するやり方を批判の俎上に載せる必要がある。そのためには、当時の経験の総括と、それとの和解の作業が不可欠だろう。「決められない政治」という問題は、民主党政権だけの問題ではなく、すでにワイマール共和政で経験されたことと無関係ではない。したがってまったく異なる二つの時代と場所に照らし出されて、カール・シュミットがアクチュアルになっている。また、一九七〇年代の参加の噴出に対する「統治可能性」(ガバナビリティ)の議論も、「決められない政治」への恐怖とそれに対する過剰な防衛反応という点で、現在とつながっている。これらの議論は、少しだけ焦点を移しながら、くりかえされてきたし、今後も反復されるはずである。政治の当事者が「新しい」ものとして経験している課題も、ある意味ではかつて別の時代の誰かが似たようなことで困惑し、戦ってきたことであることがよくある。思想や歴史などを勉強しても現実の社会では役に立たないといわれることも多い。しかし、思想や歴史を引き合いに出しつつ官僚制を論じることで、官僚制をめぐる現実をよりよく認識できることもある。

本書に収録されている文章の多くは、そのときどきの「政局」のなかで書かれている。そのため、民主党政権の成立と崩壊、橋下大阪府政・市政、安倍政権というこの一〇年ほどの「政と官」の関係の推移をめぐる記述になっている。しかしもちろんそれだけではなく、そうした個別の政権の事情とは独立した、官僚制批判をめぐる政治理論的な考察でもある。

理論的な考察をするのであれば、そうした「時局」のノイズは除去すべきである、というお叱りをいただくことになるかもしれない。しかし、自分は「どこでもない」きれいな場所に立っているわけではなく、したがって自分の「傾き」にはできるだけ自覚的でありたいという思いが、私には強くある。過去のある時代のコンテクストを再構成しようとする、その書き手も、その人が生きている今の時代のコンテクストのなかで、歴史的再構成の作業を試みる。そしてそのようにして書かれた本が、なんらかの僥倖《ぎょうこう》に恵まれて後世の誰かに読まれるとすれば、のちの世代の人も、その時代のコンテクストのなかで、その本を手にとるはずである。

その時代でなければ考えられないことを書いて、それでいてその時代を超える、などという大それたことを目論んでいるわけではない。それでも、たとえある特定の選挙や政権について書いていても、そこで論じられている問題の射程は特定の選挙や政権だけで終わるわけではない、ということは信じていいのではないかと思う。

本書を編むにあたって、かつて執筆した文章に、適宜、加筆・修正をした。当初の媒体で発表したときには字数の関係で削除しなければならなかった部分を復活させたり、一冊の本として最低限の統一を図ったりした。それでも、いつ、どこで書いたのかを示しておくことは、この本の性格上、必要なことだろう。初出の本と雑誌、そしてそのもともとの題名は次の通りである。本書への転載を許可してくださった関係者の皆様に、この場をお借りして感謝申し上げたい。

序論――今日の文脈　（書き下ろし）
第一章　官僚制と文書――バルザック・ウェーバー・グレーバー（書き下ろし）
第二章　脱官僚と決定の負荷――政治的ロマン主義をめぐる考察、『現代思想』二〇一〇年二月号（特集＝新政権の総点検）、一一〇―一一九頁

第三章　解説 決められない政治、カール・シュミット『政治的ロマン主義』みすず書房、二〇一二年、二五一―二六六頁

第四章　ウェーバー――カリスマの来歴と変容、『岩波講座 政治哲学〈4〉国家と社会』杉田敦編、岩波書店、二〇一四年、二七―四八頁

第五章　合理性と悪、『悪と正義の政治理論』太田義器・谷澤正嗣編、ナカニシヤ出版、二〇〇七年、一〇九―一三四頁

第六章　フォン・トロッタの映画『ハンナ・アーレント』――ドイツの文脈、『みすず』六一八号、二〇一三年八月、四二―四七頁

第七章　五〇年後の『イェルサレムのアイヒマン』――ベッティーナ・シュタングネトとアイヒマン研究の現在、『みすず』六一九号、二〇一三年九月、五二―五七頁

第八章　参加と動員の変容とデモクラシー、『アクセスデモクラシー論』齋藤純一・田村哲樹編、日本経済評論社、二〇一二年、五二―七一頁

第九章　「なんちゃらファースト」と悪、『αシノドス』二一七号（特集＝「悪」を再考する）、二〇一七年四月一日、三―一四頁

第一〇章　〈官僚なきテクノクラシー〉の反知性主義――キルヒハイマーの「包括政党」再論、『現代思想』二〇一五年二月号（特集＝反知性主義と向き合う）、一〇〇―一一一頁

第一一章　忖度の政治学――アカウンタビリティの陥穽（書き下ろし）

終章――中立的なものこそ政治的である（書き下ろし）

本書の企画は、青土社の加藤峻さんの提案から始まった。今こうした本が必要だ、という彼の強い気持ちに動かされたところが大いにあった。彼のそうした思いと、キメの細かな対応がなければ、本書をこうしてかたちにするのは難しかったと思う。御礼申し上げたい。

二〇一八年一一月二三日

野口雅弘

人名索引

あ行

か行

さ行

た行

な行

は行

ま行

や行

ら行

わ行

参考文献

【欧文文献】

Adorno, Theodor W.（1974）*Noten zur Literatur*, Frankfurt/Main: Suhrkamp（=（2009）三光長治ほか訳『文学ノート』1・2、みすず書房）.

Albrow, Martin（1970）*Bureaucracy*, London: Macmillan（=（1974）君村昌訳『官僚制——管理社会と国家の核心』福村書店）.

Albrow, Martin（1990）*Max Weber's Construction of Social Theory*, London: Macmillan Education.

————（1996）*The Global Age: State and Society Beyond Modernity*, Cambridge: Polity Press（=（2000）会田彰・佐藤康行訳『グローバル時代の歴史社会論——近代を超えた国家と社会』日本経済評論社）.

Arendt, Hannah（1958）*The Human Condition*, Chicago: University of Chicago Press（=（1994）志水速雄訳『人間の条件』ちくま学芸文庫）.

————（1961）*Between Past and Future: Six Exercises in Political Thought*, New York: Viking Press（=（1994）引田隆也・齋藤純一訳『過去と未来の間——政治思想への 8 試論』みすず書房）.

Arendt, Hannah/Gershom Scholem（1964）Eichmann in Jerusalem: An Exchange of Letters between Gershom Scholem and Hannah Arendt, in: *Encounter*, Vol. 22, No. 1, pp. 51-56（=（1997）矢野久美子訳「イェルサレムのアイヒマン——ゲルショーム・ショーレム／ハンナ・アーレント往復書簡」『現代思想』1997 年 7 月号、64-77 頁）.

Arendt, Hannah（1972）*Crises of the Republic*, Harcourt Brace（=（1975）*Macht und Gewalt*, 3. Aufl., München/Zürich: Piper;（2000）山田正行訳『暴力について——共和国の危機』みすず書房）.

————（1976a）*Eichmann in Jerusalem. A Report on the Banality of Evil,* Harmondsworth, Middlesex: Penguin Books（=（2008）*Eichmann in Jerusalem: ein*

Bericht von der Banalität des Bösen, München/Zürich: Piper;（2017）大久保和郎訳『エルサレムのアイヒマン――悪の陳腐さについての報告』新版、みすず書房）.

――――（1976b）*Die verborgene Tradition*, Frankfurt/Main: Suhrkamp（=（1989）寺島俊穂・藤原隆裕宜訳『パーリアとしてのユダヤ人』未来社）.

――――（1978）*The Life of the Mind*, New York: Harcourt Brace Jovanovich（=（1994, 1995）佐藤和夫訳『精神の生活』上・下、岩波書店）.

――――（1985）*Hannah Arendt/Karl Jaspers Briefwechsel 1926-1969*, hrsg. von Lotte Köhler und Hans Saner, München/Zürich: Piper（=（2004）大島かおり訳『アーレント＝ヤスパース往復書簡 1926-1969』1・2・3、みすず書房）.

――――（1986）*Elemente und Ursprünge totaler Herrschaft. Antisemitismus, Imperialismus, totale Herrschaft*, München/Zürich: Piper（=（2017）大久保和郎・大島かおり訳『全体主義の起原』新版 1・2・3、みすず書房）.

――――（1995）*Between Friends: The Correspondence of Hannah Arendt and Mary McCarthy 1949-1975*, New York: Harcourt Brace（=（1999）佐藤佐智子訳『アーレント＝マッカーシー往復書簡――知的生活のスカウトたち』法政大学出版局）.

Arendt, Hannah/Joachim Fest（2011）*Eichmann war von empörender Dummheit*, München/Zürich: Piper.

Ash, Timothy Garton（1997）*The File: A Personal History*, New York: Random House（=（2002）今枝麻子訳『ファイル――秘密警察とぼくの同時代史』みすず書房）.

Assheuer, Thomas（2013）Ist das Böse wirklich banal? Die Filmregisseurin Margarethe von Trotta huldigt der Philosophin Hannah Arendt – und verschleiert ihre Irrtümer, in: *ZEIT*, 10.01.2013, S. 49.

Augstein, Rudolf, Karl Dietrich Bracher, Martin Broszat u. a（1987）*Historikerstreit. Die Dokumentation der Kontroverse um die Einzigartigkeit der nationalsozialistischen Judenvernichtung*, München/Zürich: Piper（=（1995）徳永恂・三島憲一ほか訳『過ぎ去ろうとしない過去――ナチズムとドイツ歴史家論

争』人文書院).

Baehr, Peter (2001) The "Iron Cage" and the "Shell as hard as Steel": Parsons, Weber, and the "stahlhartes Gehäuse" Metaphor in "the Protestant Ethic and the Spirit of Capitalism," in: *History and Theory*, Vol. 40, No. 2, pp. 153-170.

Balzac, Honore De (2018) *Physiologie de l'Employé*, Paris: Hachette (=(2013) 鹿島茂訳『役人の生理学』講談社学術文庫).

Barber, Benjamin R. (1984) *Strong Democracy: Participatory Politics for A New Age*, Barkeley, CA: University of California Press (=(2009) 竹井隆人訳『ストロング・デモクラシー――新時代のための参加政治』日本経済評論社).

Baumann, Ulrich/Lisa Hauff (2011) *Der Prozess – Adolf Eichmann vor Gericht: Facing Justice – Adolf Eichmann on Trial*, Berlin: Stiftung Topographie d. Terrors.

Beck, Ulrich (2001) Zivilgesellschaft light? Die Gefahr wächst, dass die Reformidee verwässert wird – oder gar zu einer Parole des Neoliberalismus verkommt. in: *Süddeutsche Zeitung*, 23.06.2001, S. 15.

Becker, Hartmuth (1994) *Die Parlamentarismuskritik bei Carl Schmitt und Jürgen Habermas*, Berlin: Duncker & Humblot (=(2015) 永井健晴訳『シュミットとハーバーマスにおける議会主義批判』風行社).

Berlin, Isaiah (2008) Herzen and Bakunin on Individual Liberty, in: *Russian Thinkers*, London: Penguin Classiscs, pp. 82-113 (=(1983) 今井義夫訳「ゲルツェンとバクーニン――個人の自由をめぐって」『バーリン選集1 思想と思想家』岩波書店、203-260頁).

―――― (1992) Joseph de Maistre and the Origins of Fascism, in: *The Crooked Timber of Humanity: Chapters in the History of Ideas*, New York: Vintage Books, pp. 91-174 (=(1992) 松本礼二訳「ジョセフ・ド・メストルとファシズムの起源」『バーリン選集4 理想の追求』岩波書店、89-200頁)

Boltanski, Luc/Eve Chiapello (2007) *The New Spirit of Capitalism*, London: Verso (=(2013) 三浦直希・海老塚明・川野英二・白鳥義彦・須田文明・立見淳哉訳『資本主義の新たな精神』上・下、ナカニシヤ出版).

Calise, Mauro (2010) *Il partito personale. I due corpi del leader*, Rome/Bari: Laterza (=(2012) 村上信一郎訳『政党支配の終焉――カリスマなき指導者の

時代』法政大学出版局）。

Crozier, Michel, Samuel P. Huntington, Joji Watanuki（1975）*The Crisis of Democracy: Report on the Governability of Democracies to the Trilateral Commission*, New York: New York University Press（=（1976）日米欧委員会編、綿貫譲治監訳『民主主義の統治能力（ガバナビリティ）——その危機の検討』サイマル出版会）.

Dahl, Robert A.（1971）*Polyarchy*, New Heaven: Yale University Press（=（2014）高畠通敏・前田脩訳『ポリアーキー』岩波文庫）.

Decker, Frank（2011）Das Catch-All Party-Konzept von Otto Kirchheimer aus heutiger parteientheoretischer Sicht, in: Robert Chr. van Oozen/Frank Schale（Hrsg.）, *Kritische Verfassungspolitologie. Der Staatsverständnis von Otto Kirchheimer*, Baden-Baden: Nomos, S. 177-195.

Eichler, Christian（2013）Klares „Nein" zu Olympia 2022 in München: Das Ende des Wintermärchens, *FAZ.net*, 11.11.2013（http://www.faz.net/aktuell/sport/wintersport/klares-nein-zu-olympia-2022-in-muenchen-das-ende-des-wintermaerchens-12657703.html）（2018年8月29日、閲覧）.

Enquete-Kommission „Zukunft des Bürgerschaftlichen Engagements"（2002）*Bericht Bürgerschaftliches Engagement: auf dem Weg in eine zukunftsfähige Bürgergesellschaft*, Opladen: Leske u. Budrich.

Foucault, Michel（1983）*Michel Foucault: Beyond Structuralism and Hermeneutics*, edited by Hubert L. Dreyfus and Paul Rabinow, Chicago: University of Chicago Press（=（2001）渥海和久訳「主体と権力」『ミシェル・フーコー講義集成 IX　1982-83　自己／統治性／快楽』筑摩書房）.

————（2004）*Naissance de la biopolitique. Cours au Collège de France (1978-1979)*, Paris : Gallimard（=（2008）慎改康之訳『ミシェル・フーコー思考集成8　生政治の誕生（コレージュ・ド・フランス講義 1978-79）』筑摩書房）.

Gabriel, Markus（2013）*Warum es die Welt nicht gibt*, Berlin: Ullstein（=（2018）清水　浩訳『なぜ世界は存在しないのか』講談社選書メチエ）.

Gamble, Andrew（1988）*The Free Economy and the Strong State. The Politics of*

Thatcherism, Basingstoke: Macmillan Education（=（1990）小笠原欣幸訳『自由経済と強い国家——サッチャリズムの政治学』みすず書房）.
Gephart, Werner（2006）*Recht als Kultur: Zur kultursoziologischen Analyse des Rechts*, Frankfurt/Main: Klostermann.
————（2015）*Law, Culture and Society: Max Weber's Comparative Cultural Sociology of Law*, Frankfurt/Main: Klostermann.
Girtler, Roland（2012）*Max Weber in Wien: Sein Disput mit Joseph Schumpeter im Café Landtmann*, Münster: Lit Verlag.
Graeber, David（2013）On the Phenomenon of Bullshit Jobs（https://strikemag.org/bullshit-jobs/）（2018 年 8 月 29 日、閲覧）.
————（2014）*The Democracy Project: A History, a Crisis, a Movement*, London: Penguin Books.（=（2015）木下ちがや・江上賢一郎・原民樹訳『デモクラシー・プロジェクト——オキュパイ運動・直接民主主義・集合的想像力』航思社）.
————（2015）*The Utopia of Rules: On Technology, Stupidity, and the Secret Joys of Bureaucracy*, New York: Melville House（=（2016）*Bürokratie: Die Utopie der Regeln*, Suttgart: Klett-Cotta Verlag;（2017）酒井隆史訳『官僚制のユートピア——テクノロジー、構造的愚かさ、リベラリズムの鉄則』以文社）.
————（2018）*Bullshit Jobs*, New York: Simon & Schuster.
Habermas, Jürgen（1973）*Legitimationsprobleme im Spätkapitalismus*, Frankfurt/Main: Suhrkamp（=（2018）山田正行・金慧訳『後期資本主義における正統化の問題』岩波文庫）.
————（1981）*Theorie des kommunikativen Handelns*, Bd.1, 2, Frankfurt/Main: Suhrkamp（=（1985-1987）河上倫逸ほか訳『コミュニケイション的行為の理論』上・中・下、未来社）.
————（1985）*Die neue Unübersichtlichkeit*, Frankfurt/Main: Suhrkamp（=（1995）河上倫逸ほか訳『新たなる不透明性』松籟社）.
————（1990）*Strukturwandel der Öffentlichkeit*, Frankfurt/Main: Suhrkamp（=（1994）細谷貞雄・山田正行訳『公共性の構造転換——市民社会の一カテゴリーについての探究』未来社）.

——— (2010) Leadership and Leitkultur, in: *New York Times*, 28.10.2010.

Hanke, Edith (2001) Max Webers »Herrschaftssoziologie«: Eine werkgeschichtliche Studie, in: Edith Hanke/Wolfgang J. Mommsen (Hrsg.), *Max Webers Herrschaftssoziologie*, Tübingen: J. C. B. Mohr (Paul Siebeck).

Hennis, Wilhelm (1987) *Max Webers Fragestellung. Studien zur Biographie des Werkes*, Tübingen: J. C. B. Mohr (=(1991) 雀部幸隆・嘉目克彦・豊田謙二・勝又正直訳『マックス・ヴェーバーの問題設定』恒星社厚生閣).

Horkheimer, Max/Theodor W. Adorno (1969) *Dialektik der Aufklärung. Philosophische Fragmente*, Frankfurt/Main: Fischer (=(2007) 徳永恂訳『啓蒙の弁証法——哲学的断想』岩波文庫).

Jaspers, Karl (1999) *Die Schuldfrage*, München/Zürich: Piper (=(2015) 橋本文夫訳『われわれの戦争責任について』ちくま学芸文庫).

Jay, Martin (1973) *The Dialectical Imagination. A History of the Frankfurt School and the Institute of Social Research 1923-1950*, Boston, Toronto: Little, Brown & Co. (=(1975) 荒川幾男訳『弁証法的想像力——フランクフルト学派と社会研究所の歴史　1923-1950』みすず書房).

Johnson, Chalmers (1982) *MITI and the Japanese Miracle: The Growth of Industrial Policy 1925-1975*, Stanford, Calif.: Stanford University Press (=(1982) 矢野俊比古訳『通産省と日本の奇跡』ティビーエス・ブリタニカ).

Jünger, Ernst/Carl Schmitt (1999) *Ernst Jünger/Carl Schmitt Briefwechsel 1930-1983*, hrsg. von Helmuth Kiesel, Stuttgart: Klett-Cotta (=(2005) 山本尤訳『ユンガー＝シュミット往復書簡 1930-1983』法政大学出版局).

Karlauf, Thomas (2007) *Stefan George: Die Entdeckung des Charisma*, München: Karl Blessing Verlag.

Kennedy, Ellen (1986) Carl Schmitt und die »Frankfurter Schule«. Deutsche Liberalismuskritik im 20. Jahrhundert, in: *Geschichte und Gesellschaft*, Jg. 12, S. 380-419 (=(1987) Carl Schmitt and the Frankfurt School, in: *Telos*, No. 71, Spring, pp. 37-66).

Kirchheimer, Otto (1932) Legalität und Legitimität, in: *Die Gesellschaft*, Jg. 9, Heft 7, S. 8-20.

Kirchheimer, Otto/Nathan Leites（1933）Bemerkungen zu Carl Schmitts »Legalität und Legitimität«, in: *Archiv für Sozialwissenschaft und Sozialpolitik*, Bd. 68, S. 457-487（=（1996）Remarks on Carl Schmitt's Legality and Legitimacy, in: Scheuerman（ed.）, *The Rule of Law Under Siege: Selected Essays of Franz L. Neumann and Otto Kirchheimer*, Oakland: University of California Press, pp. 64-98）.

――――（1957）The Waning of Opposition in Parliamentary Regimes, in: *Social Research*, Vol. 24, No. 2, 1957, pp. 127-56（=（1983）岩永健吉郎訳「議会主義の政治体制における反対（派）機能の衰退」、『西欧の政治社会』第2版、東京大学出版会、246-272頁）.

――――（1962）Letter to Jürgen Habermas, M.E. Grenander Department of Special Collections and Archives, Otto Kirchheimer Papers, Folder 69.

――――（1966）The Transformation of Western European Party Systems, in: J. LaPalombara and M. Weiner（eds.）, *Political Parties and Political Development*, New Jersey: Princeton University Press, pp.177-200.

――――（1967）Legalität und Legitimität, in: *Politische Herrschaft. Fünf Beiträge zur Lehre vom Staat*, Frankfurt/M: Suhrkamp, S. 7-29（=（1996）Legality and Legitimacy, in: William E. Scheuerman（ed.）, *The Rule of Law under Siege: Selected Essays of Franz L. Neumann and Otto Kirchheimer*, Berkeley: University of California Press, pp. 44-63）.

Kroll, Thomas（2001）Max Webers Idealtypus der charismatischen Herrschaft und die zeitgenössische Charisma-Debatte, in: Edith Hanke/Wolfgang J. Mommsen（Hrsg.）, *Max Webers Herrschaftssoziologie*, Tübingen: J. C. B. Mohr（Paul Siebeck）, S. 47-72.

Less, Avner W.（2012）*Lüge! Alles Lüge! Aufzeichnungen des Eichmann-Verhörers Avner Werner Less*, Zürich: Arche.

Löwith, Karl（1984）Der okkasionelle Dezisionismus von Carl Schmitt [1935], in: *Heidegger – Denker in dürftiger Zeit. Zur Stellung der Philosophie im 20. Jahrhundert*, Sämtliche Schriften, Bd. 8, Stuttgart: J.B.Metzler, 32-71（=（1971）田中浩・原田武雄訳「カール・シュミットの機会原因論的決断主義」、カール・シュミット『政治神学』未来社、89-163頁）.

Luhmann, Niklas（1973）*Zweckbegriff und Systemrationalität: Über die Funktion von Zwecken in sozialen Systemen*, Frankfurt/Main: Suhrkamp（=（1990）馬場靖雄・上村隆広訳『目的概念とシステム合理性——社会システムにおける目的の機能について』勁草書房).

————（1994）Die Zukunft der Demokratie, in: *Soziologische Aufklärung 4*, Opladen: Westdeutscher Verlag, S. 126-132.

Macpherson, C. B.（1977）*The Life and Times of Liberal Democracy*, Oxford University Press（=（1978）田口富久治訳『自由民主主義は生き残れるか』岩波新書).

Marx, Karl（1982）Zur Kritik der Hegelschen Rechtsphilosophie, in: *Karl Marx: Werke, Artikel, Entwürfe. März 1843 bis August 1844*, Karl Marx/Friedrich Engels Gesamtausgabe（MEGA）, Bd. 2, Berlin: Diez Verlag, S. 3-137（=（1959）真下信一訳「ヘーゲル国法論（第 261 節〜第 313 節）の批判」、大内兵衛・細川嘉六監訳『マルクス＝エンゲルス全集』第 1 巻、大月書店、231-372 頁).

Maurizio Ferraris（2014）*Manifest des neuen Realismus*, Frankfurt/Main: Vittorio Klostermann.

Merton（1951）Robert K., *Social Theory and Social Structure: Toward the Codification of Theory and Research*, Glencoe, Ill.: Free Press（=（1961）森東吾・森好夫・金沢実・中島竜太郎訳『社会理論と社会構造』みすず書房).

Mehring, Reinhard（2009）*Carl Schmitt. Aufstieg und Fall. Eine Biographie*, München: C. H. Beck.

Michels Robert（1989）*Zur Soziologie des Parteiwesens in der modernen Demokratie. Untersuchungen über die oligarchischen Tendenzen des Gruppenlebens*, Stuttgart: Kröner（=（1990）森博・樋口晟子訳『現代民主主義における政党の社会学——集団活動の寡頭制的傾向についての研究』木鐸社).

Mitzman, Arthur（1970）*The Iron Cage: An Historical Interpretation of Max Weber*, New York: Knopf（=（1975）安藤英治訳『鉄の檻——マックス・ウェーバー 一つの人間劇』創文社).

————（1973）*Sociology and Estrangement: Three Sociologists of Imperial Germany*,

New York: Knopf.

Mommsen, Wolfgang J.（1974）*Max Weber und die deutsche Politik 1890-1920*, 2. Aufl., Tübingen: J. C. B. Mohr（=（1993, 1994）安世舟・五十嵐一郎・田中浩訳『マックス・ヴェーバーとドイツ政治 1890-1920』I・II、未来社）.

Müller, Jan-Werner（2016）*What Is Populism?*, Philadelphia: University of Pennsylvania Press（=（2017）板橋拓己訳『ポピュリズムとは何か』岩波書店）.

Neumann Franz, Herbert Marcuse & Otto Kirchheimer（2013）*Secret Reports on Nazi Germany: The Frankfurt School Contribution to the War Effort*, Princeton: Princeton University Press（=（2016）*Im Kampf gegen Nazideutschland: Die Berichte der Frankfurter Schule für den amerikanischen Geheimdienst 1943-1949*, Frankfurt/Main: Campus）.

Nietzsche, Friedriche（1999）*Also sprach Zarathustra*, hrsg. von Giorgio Colli/Mazzino Montiari, Kritische Studienausgabe 4, Berlin/New York: de Gruyter（=（1993）吉沢伝三郎訳『ニーチェ全集 9-10 ツァラトゥストラ』上・下、ちくま学芸文庫）.

Noguchi, Masahiro（2005）*Kampf und Kultur: Max Webers Theorie der Politik aus der Sicht seiner Kultursoziologie*, Berlin: Duncker & Humblot（=（2006）野口雅弘『闘争と文化――マックス・ウェーバーにおける文化社会学と政治理論』みすず書房）

――――（2006）Ein Leben im Exil: Zur intellektuellen Biographie Kurt Singers (1886-1962), in: Bernd Hausberger (Hrsg.), *Globale Lebensläufe. Menschen als Akteure des weltgeschichtlichen Geschehens*, Wien: Mandelbaum, S. 217-232.

――――（2017）A Weberian Approach to Japanese Legal Culture without the "Sociology of Law": Takeyoshi Kawashima and his Search for "Universalism," in: Werner Gephart/Daniel Witte（Hrsg.）, *Recht als Kultur? Beiträge zu Max Webers Soziologie des Rechts*, Frankfurt/Main: Klostermann 2017, S. 389-404.

Nolte, Ernst（1963）*Der Faschismus in seiner Epoche*, München/Zürich: Piper.

Offe, Claus（2003）Unregierbarkeit. Zur Renaissance konservativer Krisentheorien, in: *Herausforderungen der Demokratie. Zur Integrations- und Leistungsfähigkeit politischer Institutionen*, Frankfurt/Main: Campus Verlag, S. 42-61（=（1988）

壽福眞美訳「統治不能——保守的危機理論のルネサンスによせて」『後期資本制社会システム——資本制的民主制の諸制度』法政大学出版局、139-166 頁）.

———（2004）*Selbstbetrachtungen aus der Ferne. Tocqueville, Weber und Adorno in den Vereinigten Staaten*, Frankfurt/Main: Suhrkamp（=（2009）野口雅弘訳『アメリカの省察——トクヴィル・ウェーバー・アドルノ』法政大学出版局）.

———（2006）*Strukturprobleme des kapitalistischen Staates: Aufsätze zur politischen Soziologie*, Veränderte Neuausgabe, Frankfurt/Main: Campus Bibliothek（=（1988）壽福眞美訳『後期資本制社会システム——資本制的民主制の諸制度』法政大学出版局）.

Pateman, Carole（1970）*Participation and Democratic Theory*, Cambridge: Cambridge University Press（=（1977）寄本勝美訳『参加と民主主義理論』早稲田大学出版部）.

Piketty, Thomas（2013）*Le Capital au XXIe siècle*, Paris: Seuil（=（2014）山形浩生・守岡桜・森本正史訳『21 世紀の資本』みすず書房）.

Pitkin, Hanna（1967）*The Concept of Representation*, Berkeley and Los Angeles: University of California Press, 1967（=（2017）早川誠訳『代表の概念』名古屋大学出版会）.

Pocock, J. G. A（2003）*The Machiavellian Moment: Florentine Political Thought and the Atlantic Republican Tradition*, Princeton: Princeton University Press（=（2008）田中秀夫・奥田敬・森岡邦泰訳『マキァヴェリアン・モーメント——フィレンツェの政治思想と大西洋圏の共和主義の伝統』名古屋大学出版会）.

Quadbeck, Ulrike（2008）*Karl Dietrich Bracher und die Anfänge der Bonner Politikwissenschaft*, Baden-Baden: Nomos Verlag.

Radkau, Joachim（2005）*Max Weber. Die Leidenschaft des Denkens*, München: Carl Hanser Verlag.

———（2011a）*Die Ära der Ökologie. Eine Weltgeschichte*, München: C.H. Beck.

———（2011b）Eine kurze Geschichte der deutschen Antiatomkraftbewegung,

in: *Aus Politik und Zeitgeschichte*, Heft 46-47（http://www.bpb.de/apuz/59680/eine-kurze-geschichte-der-deutschen-antiatomkraftbewegung?p=0）（2018 年 8 月 29 日、閲覧）（＝（2012）海老根剛・森田直子「ドイツ反原発運動小史」『ドイツ反原発運動小史――原子力産業・核エネルギー・公共性』みすず書房、10-40 頁）.

Ringer, Fritz K.（1990）*The Decline of the German Mandarins: The German Academic Community, 1890-1933*, Lebanon, New Hampshire: University Press of New England（＝（1991）西村稔訳『読書人の没落――世紀末から第三帝国までのドイツ知識人』名古屋大学出版会）.

Scaff, Lawrence A.（1989）*Fleeing the Iron Cage: Culture, Politics, and Modernity in the Thought of Max Weber*, Berkeley: University of California Press.

――――（2011）*Max Weber in America*, Princeton: Princeton University Press.

Schenk, H.G.（1966）*The Mind of the European Romantics: An Essay in Cultural History*, with a preface by Isaiah Berlin, London: Constable（＝（1975）生松敬三、塚本明子訳『ロマン主義の精神』みすず書房）.

Schmitt, Carl（1919）*Politische Romantik*, München/Leipzig: Duncker & Humblot（＝（1982）橋川文三訳『政治的ロマン主義』未来社）.

――――（1923）Soziologie des Souveränitätsbegriffs und politische Theologie, in: Melchior Palyi（Hrsg.）, *Hauptprobleme der Soziologie. Erinnerungsgabe für Max Weber*, Bd. 2, München/Leipzig: Duncker & Humblot, S. 3-35.

――――（1926）*Geistesgeschichtliche Lage des heutigen Parlamentarismus*, 2. Aufl., Berlin: Duncker & Humblot（＝（2015）樋口陽一訳『現代議会主義の精神史的状況 他一篇』岩波文庫）.

――――（1963）Der Zeitalter der Neutralisierungen und Entpolitisierungen, in: *Der Begriff des Politischen*, 2. Aufl., Berlin: Duncker & Humblot, S. 79-96（＝（2007）長尾龍一訳「中立化と脱政治化の時代〔一九二九年〕」『カール・シュミット著作集』I、慈学社 201-215 頁）.

――――（1968）*Politische Romantik*, 3. Aufl., Berlin: Duncker & Humblot,（＝（2012）大久保和郎訳『政治的ロマン主義』みすず書房）.

――――（1993）*Verfassungslehre*, 8. Aufl., Berlin: Duncker & Humblot（＝

（1974）阿部照哉・村上義弘訳『憲法論』みすず書房）.
――――（1998）*Legalität und Legitimität*, 6. Aufl., Berlin: Duncker & Humblot（＝（1983）田中浩・原田武雄訳『合法性と正当性』未来社）.
Schumpeter, Joseph A.（1950）*Capitalism, Socialism, and Democracy*, 3rd ed., London: G. Allen & Unwin（＝（1995）中山伊知郎・東畑精一訳『資本主義・社会主義・民主主義』新装版、東洋経済新報社）.
Schwentker, Wolfgang（1988）*Max Weber in Japan: eine Untersuchung zur Wirkungsgeschichte 1905-1995*, Tübingen: J. C. B. Mohr（Paul Siebeck）（＝（2013）野口雅弘・鈴木直・細井保・木村裕之訳『マックス・ウェーバーの日本――受容史の研究 1905-1995』みすず書房）.
Simmel, Georg（1989）Über sociale Differenzierung, in: *Aufsätze 1887-1890*, Gesamtausgabe Bd. 2, Frankfurt/Main: Suhrkamp, S.109-295（＝（2011）石川晃弘・鈴木春男訳『社会的分化論――社会学的・心理学的研究』中公クラシックス）.
――――（1999a）*Soziologie. Untersuchungen über die Formen der Vergesellschaftung*, Gesamtausgabe Bd. 11, Frankfurt/Main: Suhrkamp（＝（1999）北川東子・鈴木直訳『ジンメル・コレクション』ちくま学芸文庫）.
――――（1999b）*Der Krieg und die geistigen Entscheidungen. Grundfragen der Soziologie. Vom Wesen des historischen Verstehens. Der Konflikt der modernen Kultur. Lebensanschauung*, Gesamtausgabe Bd. 16, Frankfurt/Main: Suhrkamp（＝（1972）清水幾太郎訳『社会学の根本概念』岩波文庫）.
――――（2000）Wandel der Kulturformen, in: *Aufsätze und Abhandlungen 1909-1918*, II, Gesamtausgabe Bd. 13, Frankfurt/Main: Suhrkamp（＝（1994）酒田健一訳「文化諸形式の変遷」『ジンメル著作集 12 橋と扉』白水社）.
Sohm, Rudolph（1892）*Kirchenrecht, Band 1: Die geschichtlichen Grundlagen*, Leipzig: Duncker & Humblot.
Steinke, Ronen（2013）*Fritz Bauer. Oder Auschwitz vor Gericht*, München/Zürich: Piper Verlag（＝（2017）本田稔訳『フリッツ・バウアー――アイヒマンを追いつめた検事長』アルファベータブックス）.
Strauss, Leo（1953）*Natural Right and History*, Chicago: University of Chicago Press

（=（2013）塚崎智・石崎嘉彦訳『自然権と歴史』ちくま学芸文庫）.
———（2001）Anmerkungen zu Carl Schmitt, Der Begriff des Politischen [1932], in: *Hobbes' politische Wissenschaft und zugehorige Schriften – Briefe*, Leo Strauss Gesammelte Werke, Bd. 3, Stuttgart/Weimar: J. B. Metzler, S. 217-238（=（1990）添谷育志・飯島昇藏・谷喬夫訳『ホッブズの政治学』みすず書房、207-240 頁；（1993）栗原隆・滝口清栄訳『シュミットとシュトラウス——政治神学と政治哲学の対話』法政大学出版局、123-159 頁）.

Stangneth, Bettina（2011）*Eichmann vor Jerusalem. Das unbehelligte Leben eines Massenmörders*, Zürich: Arche.
———（2013）Hannah Arendt, verehrt und verdammt, in: *Der Tagesspiegel*, 11.06.2013.

Taylor, Charles（1989）*Sources of the Self: The Making of the Modem Identity*, Cambridge, Mass.: Harvard University Press（=（2010）下川潔・櫻井徹・田中智彦訳『自我の源泉——近代的アイデンティティの形成』名古屋大学出版会）.

Thornhill, Chris（2000）*Political Theory in Modern Germany: An Introduction*, Cambridge: Polity Press（=（2004）安世舟・永井健晴・安章浩訳『現代ドイツの政治思想家——ウェーバーからルーマンまで』岩波書店）.

Villinger, Ingeborg（1995）*Carl Schmitts Kulturkritik der Moderne: Text, Kommentar und Analyse der "Schattenrisse" des Johannes Negelinus*, Berlin: Akademie Verlag.

von Trotta, Margarethe（2013a）Aus meinem Tagebuch, das H.-A,-Projekt betreffend, in: Martin Wiebel（Hrsg.）, *Hannah Arendt. Ihr Denken veränderte die Welt*, München/Zürich: Piper, S. 89-128.
———（2013b）Hannah Arendt: Unglaublich, wie heftig Kritik auf Arendt prasselte, in: *derstandard.at*, 22.02.2013（https://derstandard.at/1361240869111/Unglaublich-wie-heftig-Kritik-auf-Arendt-prasselte）（2018 年 8 月 29 日、閲覧）.

Walzer, Michael（1992）The Civil Society Argument, in: Chantal Mouffe（ed.）, *Dimensions of Radical Democracy: Pluralism, Citizenship, Community*, London: Verso, pp. 89-107（=（1996）高橋康浩訳「市民社会論」『思想』1996 年

9月号（特集＝ラディカル・デモクラシー）、164-183頁）.
――――（1994）*Thick and Thin: Moral Argument at Home and Abroad*, Notre Dame: University of Notre Dame Press（＝（2004）芦川晋・大川正彦訳『道徳の厚みと広がり――われわれはどこまで他者の声を聴き取ることができるか』風行社）.
Weber, Max（1984）*Max Weber Gesamtausgabe*, Abt. I, Bd. 15. Zur Politik im Weltkrieg. Schriften und Reden 1914-1918（MWG I/15）, Tübingen: J. C. B. Mohr（Paul Siebeck）（＝（1982）中村貞二・山田高生ほか訳『政治論集』1・2、みすず書房；（1980）濱島朗訳『社会主義』講談社学術文庫）.
――――（1989a）*Max Weber Gesamtausgabe*, Abt. I, Bd. 19. Die Wirtschaftsethik der Weltreligionen. Konfuzianismus und Taoismus. Schriften 1915-1920（MWG I/19）, Tübingen: J. C. B. Mohr（Paul Siebeck）（＝（1971）木全徳雄訳『儒教と道教』創文社；（1972）大塚久雄・生松敬三訳『宗教社会学論選』みすず書房）.
――――（1989b）*Max Weber Gesamtausgabe*, Abt. I, Bd. 10. Zur Russischen Revolution von 1905. Schriften und Reden 1905-1912（MWG I/10）, Tübingen: J. C. B. Mohr（Paul Siebeck）（＝（1997）雀部幸隆・小島定訳『ロシア革命論』I、名古屋大学出版会；（1998）肥前栄一・鈴木建夫・小島修一・佐藤芳行訳『ロシア革命論』II、名古屋大学出版会）.
――――（1992）*Max Weber Gesamtausgabe*, Abt. I, Bd. 17. Wissenschaft als Beruf 1917/1919 – Politik als Beruf 1919（MWG I/17）, Tübingen: J. C. B. Mohr（Paul Siebeck）（＝（2018）野口雅弘訳『仕事としての学問 仕事としての政治』講談社学術文庫）.
――――（1994）*Max Weber Gesamtausgabe*, Abt. II, Bd. 6. Briefe 1909-1910（MWG II/6）, Tübingen: J. C. B. Mohr（Paul Siebeck）.
――――（1999）*Max Weber Gesamtausgabe*, Abt. I, Bd. 22. Wirtschaft und Gesellschaft. Teilband 5, Die Stadt（MWG I/22-5）, Tübingen: J. C. B. Mohr（Paul Siebeck）（＝（1965）世良晃志郎訳『都市の類型学』創文社）.
（2001）*Max Weber Gesamtausgabe*, Abt. I, Bd. 22. Wirtschaft und Gesellschaft. Teilband 2, Religiöse Gemeinschaften（MWG I/22-2）, Tübingen: J.

C. B. Mohr (Paul Siebeck) (＝(1976) 武藤一雄・薗田宗人・薗田坦訳『宗教社会学』創文社).
———— (2005a) *Max Weber Gesamtausgabe*, Abt. I, Bd. 21-2. Die Wirtschaftsethik der Weltreligionen. Das Antike Judentum. Schriften und Reden 1911-1920, Band 2 (MWG I/21-2), Tübingen: J. C. B. Mohr (Paul Siebeck) (＝(1996) 内山芳明訳『古代ユダヤ教』上・中・下、岩波文庫).
———— (2005b) *Max Weber Gesamtausgabe*, Abt. I, Bd. 22. Wirtschaft und Gesellschaft. Teilband 4, Herrschaft (MWG I/22-4), Tübingen: J. C. B. Mohr (Paul Siebeck) (＝(1962) 世良晃志郎訳『支配の社会学』I・II、創文社；(1987) 阿閉吉男・脇圭平訳『官僚制』恒星社厚生閣).
———— (2010) *Max Weber Gesamtausgabe*, Abt. I, Bd. 22-3. Wirtschaft und Gesellschaft. Recht (MWG I/22-3), Tübingen: J. C. B. Mohr (Paul Siebeck) (＝(1974) 世良晃志郎訳『法社会学』創文社).
———— (2013) *Max Weber Gesamtausgabe*, Abt. I, Bd. 23. Wirtschaft und Gesellschaft. Soziologie, Unvollendet. 1919-1920 (MWG I/23), Tübingen: J. C. B. Mohr (Paul Siebeck) (＝(1970) 世良晃志郎訳『支配の諸類型』創文社).
———— (2016) *Max Weber Gesamtausgabe*, Abt. I, Bd. 18. Die protestantische Ethik und der Geist des Kapitalismus. Die protestantischen Sekten und der Geist des Kapitalismus. Schriften 1904-1920 (MWG I/18), Tübingen: J. C. B. Mohr (Paul Siebeck) (＝(1989) 大塚久雄訳『プロテスタンティズムの倫理と資本主義の精神』岩波文庫).
———— (2018) *Max Weber Gesamtausgabe*, Abt. I, Bd. 12. Verstehende Soziologie und Werturteilsfreiheit. Schriften und Rede 1908-1917 (MWG I/12), Tübingen: J. C. B. Mohr (Paul Siebeck) (＝(1972) 木本幸造監訳『社会学・経済学の「価値自由」の意味』日本評論社).
Wenzel, Uwe Justus, Die Postmoderne und die Populisten. Maurizio Ferraris' „Manifest des neuen Realismus," in: *Neue Zürcher Zeitung*, 14.05.2014 (http://www.nzz.ch/aktuell/feuilleton/literatur/die-postmoderne-und-die-populisten-1.18301728) (2018年8月29日、閲覧).
Wiebel, Martin (Hrsg.) (2013) *Hannah Arendt. Ihr Denken veränderte die Welt*,

München/Zürich: Piper.
Young-Bruehl, Elisabeth（2006）*Why Arendt Matters*, New Haven, Connecticut: Yale University Press（=（2017）矢野久美子訳『なぜアーレントが重要なのか』新装版、みすず書房）.

【日本語文献】

朝日新聞（2017）「（フォーラム）忖度って？」『朝日新聞』2017 年 4 月 30 日朝刊、9 面.
新しい公共円卓会議（2010）「「新しい公共」宣言」（http://www5.cao.go.jp/npc/pdf/declaration-nihongo.pdf）（2018 年 8 月 29 日、閲覧）.
荒川敏彦（2007）「殻の中に住むものは誰か――『鉄の檻』的ヴェーバー像からの解放」『現代思想』2007 年 11 月臨時増刊、78-97 頁.
安藤英治（1992）『ウェーバー歴史社会学の出立――歴史認識と価値意識』未来社.
飯塚浩二（2003）『日本の軍隊』岩波現代文庫.
今村都南雄（2000）「「新しい公共」と行財政改革――東京・世田谷区の取り組み」『自治総研』26 巻 9 号、1-16 頁.
――――（2006）『官庁セクショナリズム』東京大学出版会.
――――（2009）「公共性の再編と自治体改革――公共を支えるのはだれか」『わたしの行政学研究』公人社、230-239 頁.
岩田正美（2008）『社会的排除――参加の欠如・不確かな帰属』有斐閣.
ウォルフレン、カレル・ヴァン（1994）『人間を幸福にしない日本というシステム』毎日新聞社.
大竹弘二（2018）『公開性の根源――秘密政治の系譜学』太田出版.
大嶽秀夫（2007）『新左翼の遺産――ニューレフトからポストモダンへ』東京大学出版会.
大塚久雄（1969）『大塚久雄著作集』第 8 巻、岩波書店.
岡田憲治（2000）『権利としてのデモクラシー――甦るロバート・ダール』

勁草書房.
鹿島茂（2013）「訳者解説」、バルザック『役人の生理学』講談社学術文庫、214-233頁.
勝田吉太郎（1979）『人類の知的遺産49 バクーニン』講談社.
加藤周一（2009）『言葉と戦車を見すえて——加藤周一が考えつづけてきたこと』ちくま学芸文庫.
川崎修（2010）「ハンナ・アレントと日本の政治学」『ハンナ・アレントと現代思想（アレント論集II）』岩波書店、229-266頁.
菅直人（2009）『大臣』増補版、岩波新書.
菊池理夫（2004）『現代のコミュニタリアニズムと「第三の道」』風行社.
貴戸理恵（2018）『「コミュ障」の社会学』青土社.
クーデンホフ゠カレルギー、リヒャルト（1953）鳩山一郎訳『自由と人生』乾元社.
小堀眞裕（2005）『サッチャリズムとブレア政治——コンセンサスの変容・規制国家の強まり・そして新しい左右軸』晃洋書房.
小山裕（2015）『市民的自由主義の復権——シュミットからルーマンへ』勁草書房.
権左武志（1999）「丸山眞男の政治思想とカール・シュミット——丸山の西欧近代理解を中心として」上・下、『思想』第903号、4-25頁、第904号、139-163頁.
齋藤純一（1997）「表象の政治／現われの政治」『現代思想』1997年7月号、158-177頁.
————（2005）『自由』岩波書店.
————（2008）『政治と複数性——民主的な公共性にむけて』岩波書店.
————（2009）「感情と規範的期待——もう一つの公私区分の脱構築」、井上達夫編『岩波講座 哲学10　社会／公共性の哲学』岩波書店、109-127頁.
————（2014）「民主的正当化・統制をめぐって——ヴェーバーと現代政治理論」『ヴェーバー生誕150周年記念シンポジウム　戦後日本の社会科学とマックス・ヴェーバー』2014年12月7日当日配布冊子、

早稲田大学、43-51 頁.
佐々木毅（2000）『プラトンの呪縛』講談社学術文庫.
佐野誠（1993）『ヴェーバーとナチズムの間――近代ドイツの法・国家・宗教』名古屋大学出版会.
シェイクスピア（1974）福田恆存訳『リチャード三世』新潮文庫.
篠原一（1977）『市民参加』岩波書店.
――――（2004）『市民の政治学――討議デモクラシーとは何か』岩波新書.
シュワーブ、ジョージ（1980）服部平治ほか訳『例外の挑戦』みすず書房.
渋谷望（2003）『魂の労働――ネオリベラリズムの権力論』青土社.
島恭彦（1989）『東洋社会と西欧思想』筑摩叢書.
シュミッター、フィリップ・C（2010）「「現存する」民主主義諸国における政治的アカウンタビリティ」、眞柄秀子編『デモクラシーとアカウンタビリティ――グローバル化する政治責任』風行社、1-28 頁.
城山三郎（1980）『官僚たちの夏』新潮文庫.
髙山裕二（2012）『トクヴィルの憂鬱――フランス・ロマン主義と〈世代〉の誕生』白水社.
田村哲樹（2008）『熟議の理由――民主主義の政治理論』勁草書房.
趙星銀（2017）『「大衆」と「市民」の戦後思想――藤田省三と松下圭一』岩波書店.
辻清明（1995）『日本官僚制の研究』新版、東京大学出版会.
恒木健太郎（2013）『「思想」としての 大塚史学――戦後啓蒙と日本現代史』新泉社.
坪郷實（2006）『参加ガバナンス――社会と組織の運営革新』日本評論社.
豊永郁子（1998）『サッチャリズムの世紀――作用の政治学へ』創文社.
中村健吾（2002）「EU における「社会的排除」への取り組み」『海外社会保障研究』第 141 号、56-66 頁.
中村哲・丸山眞男・辻清明編（1954）『政治学事典』平凡社.
名和田是彦（2007）「協働型社会構想とその制度装置」、名和田編『社会国家・中間団体・市民権』法政大学現代法研究所.
日本経済新聞（2018）「国家公務員試験、総合職申し込み 4.8％減」『日本

経済新聞』2018年4月21日朝刊、34面.
野口雅弘（1997）「M・ウェーバーにおける「政治の弁証」（上）――ロマン主義への共感と批判」『早稲田政治公法研究』第55号、245-274頁.
――――（1998）「M・ウェーバーにおける「政治の弁証」（下）――ロマン主義への共感と批判」『早稲田政治公法研究』第57号、259-286頁.
――――（2006）「日本のウェーバー受容における『普遍』の問題」『政治思想研究』第6号、4-33頁（=『比較のエートス――冷戦の終焉以後のマックス・ウェーバー』法政大学出版局、2011年、185-227頁）.
――――（2007）「信条倫理化する〈保守〉――ウェーバーとマンハイムを手がかりにして」『現代思想』2007年11月臨時増刊（総特集=マックス・ウェーバー）、118-133頁（=『比較のエートス――冷戦の終焉以後のマックス・ウェーバー』法政大学出版局、2011年、37-66頁）.
――――（2008）「官僚制――マックス・ウェーバー『支配の社会学』」、岡﨑晴輝・木村俊道編『はじめて学ぶ政治学』ミネルヴァ書房、160-170頁.
――――（2010）「マックス・ウェーバーと官僚制をめぐる情念――sine ira et studioと「不毛な興奮」」『思想』第1033号（特集=情念と政治）、112-127頁（=『比較のエートス――冷戦の終焉以後のマックス・ウェーバー』法政大学出版局、2011年、93-123頁）.
――――（2011a）『官僚制批判の論理と心理――デモクラシーの友と敵』中公新書.
――――（2011b）『比較のエートス――冷戦の終焉以後のマックス・ウェーバー』法政大学出版局.
――――（2012）「著者に「肝」を聞く（19）対談的インタビュー『官僚制批判の論理と心理――デモクラシーの友と敵』」（インタビュアー：行方久生）『季刊 自治と分権 』第49号、97-110頁.
――――（2013a）「政党」、古賀敬太編『政治概念の歴史的展開』第6巻、晃洋書房、168-188頁.
――――（2013b）「メルケルの国民政党（Volkspartei）とカール・シュミット左派――2013年9月連邦議会選挙」『みすず』第621号、2013年

11月、56-61頁.
――――（2014a）「構築主義から「意志の力」へ――近年の「ニュー・リアリズム」関連の文献をめぐって」『みすず』第624号、2014年3月、46-51頁.
――――（2014b）「ドイツでMasao Maruyamaを読むということ――丸山眞男の翻訳と論じ方について」『みすず』第625号、2014年4月、64-69頁.
――――（2015）『3・11を心に刻んで』岩波書店、50-51頁.
――――（2016a）「ゲオルク・ジンメルとカール・シュミット――ベルリン、シュトラスブルク、そして「社交」」『ジンメル研究会会報』第21号、1-14頁.
――――（2016b）「1964年の丸山眞男とヴェーバー研究――「複数の近代」multiple modernitiesをめぐって」、中野敏男ほか編『マックス・ヴェーバー研究の現代――資本主義・民主主義・福祉国家の変容の中で 生誕150周年記念論集』創文社、353-365頁.
――――（2017）「政治（科）学者の政党研究と政治思想史研究者の政党（・党派）研究――オットー・キルヒハイマーを題材にして」（報告ペーパー）、日本政治学会 分科会B-1 政治思想史研究は政治学にどう寄与できるか、2017年9月23日、法政大学（市ケ谷キャンパス）.
――――（2018a）「（ひもとく）官僚制 デモクラシーの敵なのか友なのか」『朝日新聞』2018年5月12日朝刊、19面.
――――（2018b）「比例代表制をめぐるウェーバーとケルゼン――「政治空白」という用語について」『成蹊法学』第88号、39-68頁.
――――（2018c）「「コミュ力重視」の若者世代はこうして「野党ぎらい」になっていく」『現代ビジネス』2018年7月13日（http://gendai.ismedia.jp/articles/-/56509）（2018年8月29日、閲覧）.
――――（2018d）「「忖度」と「コミュ力」と政治学」『文學界』2018年10月号、62-63頁.
野口悠紀雄（2002）『1940年体制――さらば戦時経済』新版、東洋経済新報社.

橋川文三（1998）『日本浪漫派批判序説』講談社文芸文庫.
鳩山由紀夫（2009）「（特別寄稿）私の政治哲学——祖父・一郎に学んだ「友愛」という戦いの旗印」『Voice』2009 年 9 月号、132-141 頁.
早川誠（2011）「「熟議」に潜む対立激化」『読売新聞』2011 年 1 月 31 日朝刊、11 面.
————（2014）『代表制という思想』風行社.
福元健太郎（2002）「参加」、福田有広・谷口将紀編『デモクラシーの政治学』東京大学出版会、234-250 頁.
藤田省三（1997a）『著作集 5 精神史的考察』みすず書房.
————（1997b）『著作集 6 全体主義の時代経験』みすず書房.
————（2000）「絶筆 5 丸山眞男における「方法」の発見／丸山先生の「自由」／一端／アーレントとの出会いについて／アーレント雑感／アーレントへの小さな疑問」『みすず』第 471 号、2000 年 6 月、13-21 頁.
藤原保信（1993）『自由主義の再検討』岩波新書.
毎日新聞（2018）「東京五輪・パラ「授業避けて」国通知、ボランティア促す」『毎日新聞』2018 年 7 月 27 日朝刊、26 面.
前川喜平（2018）『面従腹背』毎日新聞出版.
前田健太郎（2014）『市民を雇わない国家——日本が公務員の少ない国へと至った道』東京大学出版会.
————（2018）「「小さな政府」と公文書管理」『現代思想』（特集＝公文書とリアル）2018 年 6 月号、62-67 頁.
牧原出（2018）「強い官邸には強い独立機関が必要だ」『中央公論』2018 年 5 月号、88-93 頁.
松下圭一（2004）『戦後政党の発想と文脈』東京大学出版会.
松本彩花（2018）「指導者・喝采概念と民主政——ヴェーバーとシュミットの思想史的関係」『政治思想研究』第 18 号、230-259 頁.
真渕勝（2010）『官僚（社会科学の理論とモデル 8）』東京大学出版会.
丸山眞男（1961）『日本の思想』岩波新書.
————（1986）『「文明論之概略」を読む』上・中・下、岩波新書.
————（1995）『丸山眞男集』第 5 巻、岩波書店.

――――（1996a）「『日本浪漫派批判序説』以前のこと」『丸山眞男集』第12巻、岩波書店、261-285頁.
――――（1996b）「弔辞（大塚久雄追悼）」『丸山眞男集』第16巻、岩波書店、259-260頁.
――――（2014）『政治の世界 他十篇』松本礼二編、岩波文庫.
――――（2015）『超国家主義の論理と心理 他八篇』古矢旬編、岩波文庫.
三島憲一（2016）『ニーチェかく語りき』岩波現代文庫.
水林彪（2007）「「支配のLegitimität」概念再考」『思想』第995号、2007年3月、60-90頁.
宮本太郎（2009）『社会保障――排除しない社会へ』岩波新書.
森川輝一（2017）「アーレントの「活動」論再考――「評議会」論を手がかりに」、川崎修・萩原能久・出岡直也編『アーレントと二〇世紀の経験』慶應義塾大学出版会、3-28頁.
森達也（2018）『思想の政治学――アイザィア・バーリン研究』早稲田大学出版部.
山口二郎（2007）『ポスト戦後政治の対抗軸』岩波書店.
山田竜作（2010）「フェミニズムとデモクラシー理論――キャロル・ペイトマンの再検討を中心に」『政治思想研究』第10号、98-129頁.
山之内靖（1993）『ニーチェとヴェーバー』未来社.
――――（1997）『マックス・ヴェーバー入門』岩波新書.
――――（2015）『総力戦体制』伊豫谷登士翁・成田龍一・岩崎稔編、ちくま学芸文庫.
山本清（2013）『アカウンタビリティを考える――どうして「説明責任」になったのか』NTT出版.
山本圭（2016）『不審者のデモクラシー――ラクラウの政治思想』岩波書店.
読売新聞（2018）「国立研究機関　職員「事務手続き煩雑」7割　アンケート＝茨城」『読売新聞』2018年7月28日、東京朝刊、27面.
リラ、マーク（2010）「リバタリアンのティーパーティ運動」『アステイオン』第73号、138-145頁.
ルソー、J・J（1954）『社会契約論』桑原武夫・前川貞次郎訳、岩波文庫.

［著者］野口雅弘（のぐち・まさひろ）

1969年生まれ。早稲田大学大学院政治学研究科博士課程単位取得退学。哲学博士（ボン大学）。成蹊大学教授。専門は、政治学・政治思想史。著書に『闘争と文化――マックス・ウェーバーの文化社会学と政治理論』（みすず書房）、『官僚制批判の論理と心理――デモクラシーの友と敵』（中公新書）、『比較のエートス――冷戦の終焉以後のマックス・ウェーバー』（法政大学出版局）、翻訳に、クラウス・オッフェ『アメリカの省察――トクヴィル・ウェーバー・アドルノ』（法政大学出版局）、マックス・ウェーバー『仕事としての学問 仕事としての政治』（講談社学術文庫）などがある。

忖度《そんたく》と官僚制《かんりょうせい》の政治学《せいじがく》

2018年12月19日第1刷印刷
2018年12月31日第1刷発行

著者――野口雅弘

発行者――清水一人
発行所――青土社

〒101-0051　東京都千代田区神田神保町1-29　市瀬ビル
［電話］03-3291-9831（編集）03-3294-7829（営業）
［振替］00190-7-192955

印刷・製本――双文社印刷

装幀――水戸部 功

ISBN 978-4-7917-7129-5 C0030